UNI-WISSEN

Richard Humphrey

Grundkurs Übersetzen Deutsch – Englisch

Klett Lerntraining

»Es wird nirgends so viel übersetzt wie in Deutschland«
THEODOR FONTANE

»Wer Europäer ist, ist immer schon auch Übersetzer«
PETER SLOTERDIJK

Bibliografische Information der Deutschen Nationalbibliothek
Die Deutsche Nationalbibliothek verzeichnet diese Publikation in der Deutschen Nationalbibliografie; detaillierte bibliografische Daten sind im Internet über http://dnb.dnb.de abrufbar.

4. Auflage 2022

Dieses Werk folgt der reformierten Rechtschreibung und Zeichensetzung. Ausnahmen bilden Texte, bei denen künstlerische, philologische oder lizenzrechtliche oder andere Gründe einer Änderung entgegenstehen.

www.klett-lerntraining.de; kundenservice@klett-lerntraining.de
Satz: Steffen Hahn GmbH Medienservice, Kornwestheim
Druck: Plump Druck & Medien GmbH, Rheinbreitbach
Printed in Germany
ISBN 978-3-12-939030-6

Inhalt

Vorwort

„Übersetzen? Üb' ersetzen!" So jedenfalls ein Bonmot von Karl Kraus. Ach, wenn es nur so leicht wäre! Zu den Urerfahrungen eines jeden Anglisten und einer jeden Anglistin gehört aber die Einsicht in das Gefahrbergende, ja oft schlichtweg Wagehalsige des Übersetzens. Wo übersetzt wird, fallen Späne – und oft mehr. Man möchte in Zungen reden, steht aber jedesmal wieder vor dem Babelturm.

Aber: Anders als etwa der Amerikaner ist der inmitten einer Sprachvielfalt aufwachsende Europäer zur Übersetzung verdammt. 'Wer Europäer ist, ist immer schon auch Übersetzer' (Peter Sloterdijk). Die Mehrsprachigkeit ist unser europäisches Element. Der häufigen Unzulänglichkeit unserer Anstrengungen steht also ihre unbestreitbare Unentbehrlichkeit gegenüber. Nicht von ungefähr ist die europäische Kunst von den Brueghels bis Escher geradezu fasziniert von dem Tollkühn-Unabdingbaren des Projekts Babel.

In dieser Hinsicht ist der Anglist oder Komparatist lediglich der gesteigerte Europäer. Bewusst hat er sich am Fuß des Turmes postiert oder längst zu den Turmbauern gesellt. Er will ständig zwischen den Sprachen, mitten in dem 'babble after Babel' (George Steiner) leben. Zu den Konsequenzen dieses Entschlusses gehört indes eine Beschäftigung mit dem Handwerklichen des Übersetzens.

Konzept

Der vorliegende Band versteht sich als Übungsbuch für Einsteiger und potentielle Himmelsstürmer und bietet eine strukturierte aber undogmatische Einführung in die Praxis des Übersetzens aus dem Deutschen ins Englische. Der aus 21 Einheiten bestehende Band bietet in komprimierter Form den Lernstoff von zwei aufeinander aufbauenden Semesterveranstaltungen dar und führt, wenn nicht zur Turmspitze, so doch in dessen mittlere Etagen – von den ersten Schritten bis zur Zwischenprüfung bzw. zum Vordiplom. Der Akzent dieses Übungsbuches liegt dabei tatsächlich auf dem Üben. Getreu dem didaktischen Prinzip Piagets: '*comprendre, c'est inventer ou reconstruire par réinvention*' (Verstehen heißt erfinden – oder durch Neuerfindung rekonstruieren) wird dem Leser immer wieder zuerst die Möglichkeit gegeben, das jeweilige Problem allein – oft in leicht spielerischer Form – anzugehen, bevor anschließend strukturiert in das Problemfeld eingeführt wird.

Einheiten

Die 21 Einheiten des Bandes sind alle in sich abgeschlossen und dürfen jeweils für sich vorgenommen werden. Ihre Reihenfolge ist jedoch nicht beliebig. Vielmehr bauen sie turmähnlich aufeinander auf, sowohl was die enthaltenen Strukturen und Fertigkeiten als auch was den Steilheitsgrad der zu übersetzenden Texte anbelangt. Das in den ersten Schritten Erkletterte und Erlernte wird in den späteren Phasen stillschweigend vorausgesetzt.

Die Einheiten teilen sich in je drei Lernschritte: vorentlastende Übungssätze, Übungstext sowie weiterführende Wortschatzübungen.

Übungssätze

Die Übungssätze stellen eine gegliederte Einführung in die Lerninhalte der jeweiligen Einheit dar. Sie sind die erste Herausforderung und gleichzeitig der erste Lernschritt. Die hier angebotenen Richtlinien sind keineswegs als erschöpfende Ersatzgrammatiken zu verstehen. Sie sind lediglich wirklichkeitserprobte Regeln für die Praxis des Übersetzens ins Englische.

Übungstexte

Die Übungstexte sind aus lexikalischen wie strukturellen Gesichtspunkten ausgewählt worden und sind jeweils authentisch und unverändert. Bis auf wenige Ausnahmen handelt es sich auch um vollständige, in sich geschlossene Texte. Jeder Text konfrontiert den Leser nicht nur mit der zu übenden Struktur, sondern auch mit einem neuen Wortschatzbereich. Im ersten Teil des Bandes sind diese der näheren Lebenswelt entnommen, im zweiten beschäftigen sie sich zunehmend mit den geistes- und kulturwissenschaftlichen Inhalten des Studiums der Anglistik.

Wortschatzübungen

Die am Schluss jeder Einheit stehenden Wortschatzübungen haben zum Ziel, mit den im jeweiligen Wortschatzbereich anzutreffenden „falschen Freunden" vertraut zu machen. 'False friends' sind bekanntlich das morscheste Gebälk, die brüchigsten Steine im Babelturm. Hier werden etwa 400 Exemplare dieser dubiosen Materialien vorgeführt, wobei auch und gerade hier der Leser dazu angeregt wird, das Problem übend zu meistern. Wer das Thema 'false friends' unterrichtet, betritt freilich didaktisches Glatteis. Die hier angebotenen Übungen dürften den Leser indes ein für allemal für diese Problematik sensibilisieren und wappnen.

Antwortteil

Im Antwortteil werden zur Selbstkontrolle Musterlösungen für sämtliche Aufgabenstellungen angeboten und kurz erläutert sowie auch weiterführende lexikalische Hinweise gegeben.

Unterrichtssprache

Die Unterrichtssprache des Bandes ist durchweg Englisch. Dies entspricht den Gepflogenheiten der universitären Veranstaltungen und bietet auch einen zusätzlichen Lerneffekt. Die benutzte Sprache wird aber möglichst einfach gehalten, auf Fachterminologie wird bewusst weitestgehend verzichtet.

Schlussbemerkung

Der vorliegende Band erhebt keineswegs den Anspruch, grundlegend Neues zur Übersetzungstheorie und -praxis beizutragen. Wohl aber werden didaktisch neue Wege beschritten. Sinn des Bandes ist es, dem Übersetzen ins Englische den Nimbus des Allzuschwierigen und dem Übersetzungsunterricht das Odium des Drögen zu nehmen. Die Freude an der sprachlichen Herausforderung des Übersetzens ist eine der Grunderfahrungen einer richtig praktizierten Anglistik. Mit einem 'Üb' ersetzen!' ist es freilich nicht getan. Aber 'Üb' Übersetzen!' gehört nach wie vor zu den Grundpostulaten unseres Faches.

1

UNIT **The World of Nature**

Step 1: Translating the Relative Clause

1 Trial Sentences

The Problem

The translation of German relative clauses into English is made more difficult by three factors. Firstly, the English language has two types of relative clause. Secondly, relative clauses are one of the very few cases where English has firm rules for punctuation. Finally, the relative pronouns also follow important rules.

Your Task

Translate the following sentences into English, giving all the possible relatives and paying especial attention to punctuation. Compare your versions with the master answers on page 114. If your answers are all satisfactory, you may choose to omit the next, explanatory step.

Sentences

1. Die Leute, die niemals Zeit haben, tun am wenigsten. G. C. LICHTENBERG
2. Es sind die Freunde, die man um 4 Uhr morgens anrufen kann, welche von Bedeutung sind. MARLENE DIETRICH
3. Wer den halben Tag verschläft, hat das halbe Leben gewonnen. KARL KRAUS
4. Der Alte Friedhof, den die meisten Einwohner nicht kennen, ist die schönste Stätte der Stadt, was sich aber wohl ändern würde, wenn sie ihn kennenlernen sollten.
5. Auf die Rose, deren Symbolik ihm zur Obsession geworden war, kam er in seinen Vorlesungen immer wieder zurück.
6. Der geniale Mensch ist der, der Augen hat für das, was ihm vor den Füßen liegt. JOHANN JAKOB MOHR
7. Nicht alles, was nicht glitzert, ist kein Gold.

> *Wörter sind des Übersetzers Mosaiksteine. Er sollte mit ihnen behutsam umgehen, wie mit Edelsteinen, wenn er sie in ihre Fassung bringt. Der Vorgang ist – wie alles, was Kunst sein möchte – ebenso ernst wie spielerisch. Das Spielerische aber setzt nicht nur Einfall, sondern auch Übung voraus.*

KARL DEDECIUS, *Das Abc des Übersetzers* (1978).
In: *Vom Übersetzen.* Frankfurt am Main: Suhrkamp 1986.

2 Specimen Sentences in English Translation

Sentences

A. Der Mensch ist das einzige Tier, das arbeiten muss. KANT
The human being is the only animal that has to work.

B. Für Gott, dessen Dasein unsterblich ist, hätte das Automobil keinen Sinn. ORTEGA Y GASSET
For God, whose being is immortal, the motor car would make no sense.

C. Selbst in Ely, das wir bereits gut kannten, verstand sie es, uns mehrere neue Schätze zu zeigen, was geradezu verblüffend war.
Even in Ely, with which we were already familiar, she was able to show us several new treasures, which was wellnigh astonishing.

D. Wer sucht, findet nicht, aber wer nicht sucht, wird gefunden. FRANZ KAFKA
He who seeks does not find, but he who does not seek is found.

E. Wer Kolonisten sät, wird Amerikaner ernten.
ULRICH HORSTMANN
If you sow colonists, you will reap Americans.

F. Das Poster, das bestellt worden ist, ist nicht das, das wir meinten.
The poster that has been ordered is not the one we had in mind.
Or: *the one that/which/(–) we had in mind.*

Guidelines

1. There are essentially two types of relative clause in English:
   a) the 'defining' or 'necessary' relative clause (as in sentence A): here the relative clause is essential to the meaning of the sentence, which does not make sense without it.
   b) the 'non-defining' or 'unnecessary' relative clause (as in sentences B and C): here the clause is not essential but offers additional, supplementary information.
2. Only the non-defining relative clause takes commas – but notice that it requires them both before and after.
3. The relative 'that' is possible only in a defining relative clause.
4. The 'zero option' or '*Null-Lösung*' with no relative at all is possible only in a defining relative clause, and even then only if the subject of the relative clause is not the same as that of the main sentence – as in the second half of sentence F.
5. The translation of 'Wer' at the beginning of a relative clause is either:
   a) 'He who/Those who' in a proverbial/aphoristic sentence or
   b) 'If you' in a more colloquial setting, as in E.
6. The genitive form 'whose' is becoming increasingly more common, even when referring to non-human nouns (as in 5 overleaf).
7. '*Alles, was*' is 'everything that'. In cases as C, '*was*' is 'which'.

Step 2: Translating the Language of the Natural World

Translation Text

The Text

The text below, by the little-known prose writer from South Hessen Karl Freitag, has been chosen since it contains both several examples of the relative clause in use and a good range of vocabulary from the realm of Nature.

Your Task

Translate the text below in its entirety, paying especial attention to the points mentioned above, and then compare your version with the master translation on page 114. Note the vocabulary suggestions beneath the text.

Karl Freitag, „Der Lorbeerbaum"

Text

Niemand wußte, wer ihn gepflanzt hatte. Seit Jahren reckte er seine Äste über jedermann, der durch den Vorgarten kam. Als das Haus seinen Besitzer wechselte, waren die Tage des Baumes gezählt. Der neue Herr fällte ihn kurzerhand, handhoch über dem Erdboden. „Der Baum ist mir im Weg", sagte er. Das war im Herbst. Im Frühjahr darauf sprossen kleine, frische Triebe aus dem Stumpf, die sich innerhalb eines Jahres zu einem kleinen Busch entwickelten. Der Mann fluchte und riß etliche der kräftigen Sprößlinge aus. Im Herbst warf ihn Krankheit aufs Lager. Erst in den warmen Märztagen des neuen Jahres wagte er vorsichtige Schritte in den Garten. Trotz dem strengen Winter war der Lorbeerbusch ein beachtliches Stück gewachsen. Er zeigte wohl einige gelbe, erfrorene Blätter, aber es schien, als hätten die noch vorhandenen Säfte im Wurzelstrunk die Schößlinge doppelt widerständig ausgestattet, denn ein hoher Strauch mit starken Zweigen grünte nun am Weg.

Der Mann, der die Sonne dankbar empfand und ein neues Kräftegefühl verspürte, verweilte sinnend vor dem Busch und sprach also vor sich hin: „Es war wirklich eine Laune, daß ich den Baum umschlug, während der langen Zeit meines Krankseins, als es nicht gut um mich stand, mußte ich daran denken, wie sehr man doch am Leben hängt. Mein Auge sah das frische Grün, das aus der Wurzel schlug, obwohl ich mit Gewalt dem neuen Wachstum Einhalt gebieten wollte. Ich wünschte mir die gleichen Kräfte zum Weiterleben wie der abgeholzte Baum. Als ich so krank darniederlag, kamen mir Gedanken, für die ich seither sträflicherweise keine Zeit hatte. Der Lorbeerstrauch hat mich vor allem eines gelehrt: sich wehren, jeder Gewalt begegnen, zäh und verbissen ums Leben kämpfen, immer die Hoffnung nähren. Der Strauch ist mir nicht mehr im Weg."

Der Mann entfernte die welken Blätter, spürte, wie fest sich die Zweige zwischen seinen Fingern anfühlten, und ging mit einem zufriedenen Lächeln, das sein Gesicht überzog, ins Haus zurück.

Suggestions

handhoch: *at a hand's breadth*
Trieb: *young shoot*
Sprössling: *offshoot*
aus der Wurzel schlagen: *to break out of the root*
verbissen (adv.): *doggedly*

Step 3: Vocabulary Work

1 The Language of Nature – False Friends

Your Task

This exercise contains ten pairs of false friends from the realm of plants and trees. Discover them by translating the sentences below, as shown in the example. Then check your answers on page 115.

Example

Die **Blume** stand in ihrer ganzen Pracht, in voller Blüte da.
The flower stood there in all its glory, in full ***bloom***.

Sentences

1. In der Ferne sah man sanfte, mit Farnkraut bedeckte Hügel.
2. Vorläufig steckte sie das Bukett in einen Eimer Wasser.
3. Der Wald bestand größtenteils aus Föhren und Tannen.
4. Während des Krieges hatten wir in diesem Beet Runkelrüben.
5. Erschöpft lehnte er sich gegen den Baumstamm und nahm einen kräftigenden Trunk.
6. Zwischen den Grashalmen lagen bereits die ersten, dürren Herbstblätter.
7. Der mächtige Balken bestand aus einem einzigen Baum.
8. Dort auf dem kleinen Hügel, wo wir letztes Jahr so viele Knollen gepflanzt haben, wird man bald herrliche Blumen sehen.
9. Unter der Rüster ging ein Hahn laut krähend auf und ab.
10. Der Salat bestand zu einem großen Teil aus Schoten und Sprossen.

2 The Language of the Countryside

Your Task

Study the twenty signposts below, fifteen of which contain false friends which one might encounter in the British countryside. Then consider the statements overleaf.

Signposts

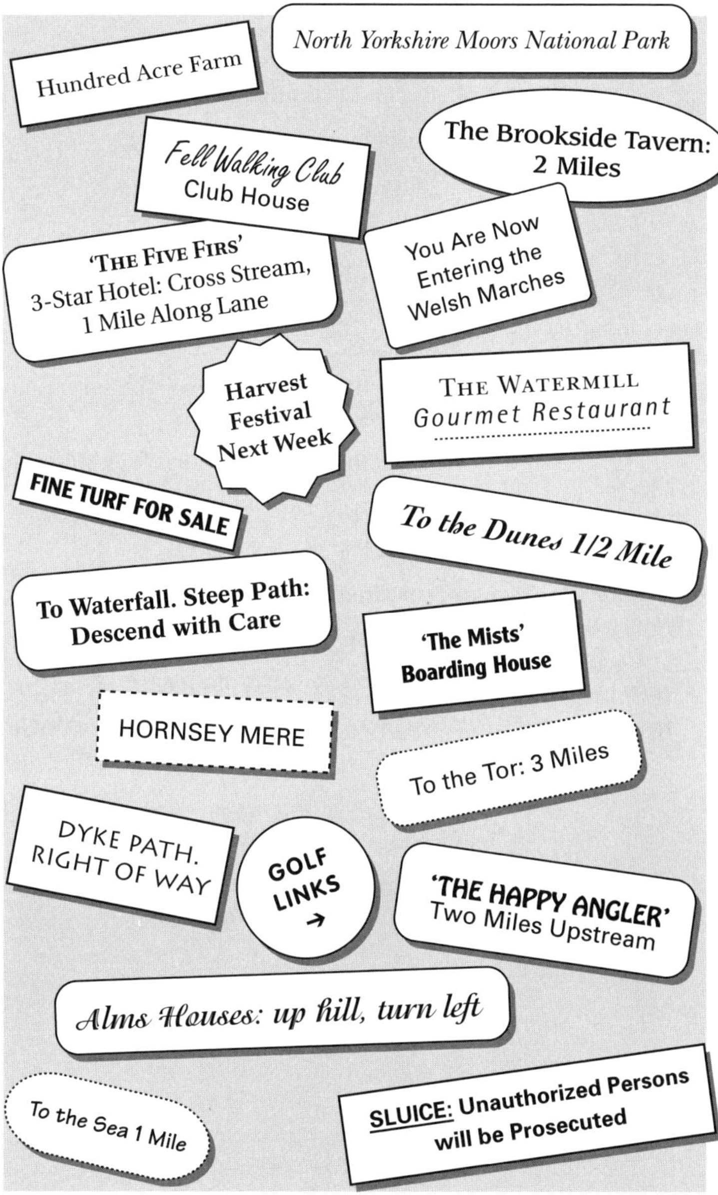

Statements

In the light of the signposts opposite, which of the following statements are definitely true? The correct answers are to be found on page 116.

1. Die Farm hat hundert Acker.
2. Schöner Torf wird zum Verkauf angeboten.
3. Das Stadttor ist noch 3 Meilen entfernt.
4. Unbefugten ist das Betreten der Schleusenanlage untersagt.
5. Die Taverne steht an einer Brücke.
6. Der Nationalpark liegt im Moor.
7. Die Mitglieder des Wandervereins tragen Joppen aus Fell.
8. Die zu besichtigenden Häuser stehen hoch oben auf der Alm.
9. Das Wirtshaus „Zum glücklichen Angler" steht 2 Meilen stromabwärts.
10. Das Golf-Schild zeigt offenbar in die verkehrte Richtung. Der Golfplatz liegt ja links.
11. In Wales befindet man sich in einer Marschlandschaft.
12. Der See ist noch 1 Meile entfernt.
13. Die Dünen liegen aber näher.
14. Das Feinschmecker-Restaurant heißt „Zur Wassermühle".
15. Der Weg zum Wasserfall führt steil bergab.
16. Die Stadt Hornsey liegt am Meer.
17. Der Deichweg ist der Öffentlichkeit zugänglich.
18. Nächste Woche ist Herbstfest.
19. Die Pension wurde nach dem naheliegenden Misthaufen benannt.
20. Um zu dem 3-Sterne-Hotel „Zu den fünf Föhren" zu gelangen, muss man einen Strom überqueren.

2

UNIT **The Human Being**

Step 1: The Translation of '*eigen*'

1 Trial Sentences

The Problem

The translation of '*eigen*' is a frequently encountered, straightforward to understand, but all too easily forgotten problem. The problem arises because the English structures here are normally different from the German, and arises all the more frequently because there are several familiar idioms in which the structure is involved.

Your Task

Translate the following sentences into English and then compare your versions with the master answers on page 116. If your answers are all satisfactory, you may choose to omit the next, explanatory step.

Sentences

1. Für eigene Fehler sind wir Maulwürfe, für fremde Luchse.
   SPRICHWORT
2. Eine eigene Meinung ist der Reichtum des Bettlers.
   ERNST MANDELBAUM
3. Drei Voraussetzungen des Glücks: ein eigenes Zimmer, ein eigener Freundeskreis, ein eigenes Ziel.
4. Sie legten viel Wert auf eine Wohnung mit eigenem Eingang.
5. Ein junger Mensch, der auf eigenem Weg irregeht, ist mir lieber als einer, der auf fremdem Wege recht wandelt.
   J. W. V. GOETHE
6. Wer ruft? Die eigene Stimme! Wer antwortet? Der Tod!
   NELLY SACHS
7. Sie tat es auf eigene Faust und auf eigene Gefahr.
8. Mit der ihr eigenen Unentwegtheit wollte sie trotzdem weiter kämpfen.

> *Wenn man einmal mit angesehen hat, mit welcher Unverfrorenheit sich die meisten Übersetzer ans Werk machen, mit welch völligem Mangel an Kenntnis von Land, Grammatik und Lebensgewohnheiten der anderen, dann wird einem himmelangst, und man wundert sich über gar nichts mehr.*

KURT TUCHOLSKY, *Übersetzer*. In: *Gesammelte Werke*. Hrsg. Mary Gerold-Tucholsky und Fritz Raddatz. Reinbek bei Hamburg: Rowohlt 1975, Band V.

2 Specimen Sentences in English Translation

Sentences

A. Welche Fehler entschuldigt man am leichtesten? Die eigenen.
Which mistakes does one most easily excuse? One's own.

B. Der Politiker ist der Mensch, der den Klang der eigenen Stimme mit der unfehlbaren Stimme des Volkes gleichsetzt. UNBEKANNT
A politician is a person who equates the sound of his own voice with the infallible voice of the people. ANON.

C. Endlich hatte sie ein eigenes Zimmer, wenn auch ein kleines!
At last she had a room of her own, even if a small one!
Or: ... *her own room* ...

D. Es gibt Lichter, die alles beleuchten, nur nicht den eigenen Leuchter. FRIEDRICH HEBBEL
There are lights which illuminate everything except their own light source.

E. Jede(r) tüchtige Übersetzer(in) braucht ein eigenes Wörterbuch, ein eigenes Vokabelheft und – eigene Phantasie.
Every able translator requires his or her own dictionary, his or her own vocabulary book – and his or her own imagination.

F. Sie tat es aus eigenem Antrieb und auf eigene Kosten.
She did it on her own initiative and at her own expense.

G. Mit der ihm eigenen Feigheit wich er dem Problem aus.
With the cowardice characteristic of him he avoided the problem.

H. Die Geschichte geht ihre eigenen Wege. Und die Geschichtsschreibung auch. KARLHEINZ DESCHNER
History goes its own ways. And so does historiography.

Guidelines

1. The essential thing to remember when translating '*eigen*' into English is that the English adjective 'own' is always personalized.
2. Of a sentence such as '*Ich muß unbedingt einen eigenen Laptop haben*' there are essentially two translations:
   a) 'I really must have my own laptop.'
   b) 'I really must get a laptop of my own.'
3. The several idiomatic phrases involving *'eigen'* – as in F and 7 overleaf – are well worth memorizing.
4. Phrases such as '*die ihm eigene Gangart*' are translated as 'the gait characteristic/typical of him'
5. Where, as in sentence H, the German itself uses a personal form *'ihre eigenen Wege'* – the above problems, of course, do not arise.

Step 2: Translating the Language of the Human Being

Translation Text

The Text The text below, by the renowned satirist Kurt Tucholsky, has been chosen since it contains both instances of the use of '*eigen*' and a range of useful vocabulary from the area of the human being.

Your Task Translate the text below in its entirety, paying especial attention to the points mentioned above, and then compare your version with the master translation on page 117. Note the vocabulary suggestions beneath the text.

Kurt Tucholsky, „Der Mensch"

Text Der Mensch hat zwei Beine und zwei Überzeugungen: eine, wenn es ihm gut geht, und eine, wenn es ihm schlecht geht. Die letztere heißt Religion.

Der Mensch ist ein Wirbeltier und hat eine unsterbliche Seele, sowie auch ein Vaterland, damit er nicht zu übermütig wird.

Der Mensch wird auf natürlichem Wege hergestellt, doch empfindet er dies als unnatürlich und spricht nicht gern davon. Er wird gemacht, hingegen nicht gefragt, ob er auch gemacht werden wolle.

Der Mensch hat neben dem Trieb der Fortpflanzung und dem, zu essen und zu trinken, zwei Leidenschaften: Krach zu machen und nicht zuzuhören. Man könnte den Menschen geradezu als ein Wesen definieren, das nie zuhört. Wenn er weise ist, tut er damit recht: denn Gescheites bekommt er nur selten zu hören.

Der Mensch gönnt seiner Gattung nichts, daher hat er die Gesetze erfunden. Er darf nicht, also sollen die anderen auch nicht.

Um sich auf einen Menschen zu verlassen, tut man gut, sich auf ihn zu setzen; man ist dann wenigstens für diese Zeit sicher, daß er nicht davonläuft. Manche verlassen sich auch auf den Charakter.

Der Mensch ist ein politisches Geschöpf, das am liebsten zu Klumpen geballt sein Leben verbringt. Jeder Klumpen haßt die anderen Klumpen, weil sie die anderen sind, und haßt die eigenen, weil sie die eigenen sind. Den letzteren Haß nennt man Patriotismus.

Jeder Mensch hat eine Leber, eine Milz, eine Lunge und eine Fahne; sämtliche vier Organe sind lebenswichtig. Es soll Menschen ohne Leber, ohne Milz und mit halber Lunge geben; Menschen ohne Fahne gibt es nicht. (gekürzt)

Suggestions das Wirbeltier: *the vertebrate* gönnen: *to grant*

Step 3: Vocabulary Work

The Language of the Human Body

Your Task

Study the fifteen pairs of words below from the field of the human body. Only four of the pairs are genuine equivalents, the remaining being false friends. Find the true friends and then distinguish between the false before going on to answer the further questions in the second part beneath.

German	English
Achsel	axle
Backenknochen	backbone
Buckel	buckle
Gaumen	gums
Haare	hairs
korpulent	corpulent
Nacken	neck
Nabel	navel
Pickel	pickles
plump	plump
Pony	ponytail
Puls	pulse
Rumpf	rump
Teint	tint
Schulterblatt	shoulderblade

Your Task

On the basis of the above, fill in the gaps in the sentences below. The correct answers are to be found on page 118.

1. 'Wow! You've got a superb (Teint) ______. It's like milk chocolate with coffee filling, like St. Tropez on wheels.'
2. 'Last time I phoned he said he was washing his (Haare) ______: this time he says he is just going to have his (Haare) ______ cut. It all sounds like excuses to me. After all, he's hardly got any (einzelne Haare) ______ on his head, he's so balding now.'
3. 'This wine seems a sheer delight for the (Gaumen) ______. I hope it's okay.'
4. 'I'm tired of this (Pony) ______: I need a new hairstyle, a new look, a new image.'
5. 'Ice-cream and yoghurt both give me (Pickel) ______. What can I eat?'

3

UNIT

Human Characteristics

Step 1: The Translation of the Definite Article

1 Trial Sentences

The Problem

The definite article is one of the most notorious problems for the German translator, causing difficulty even to the most able and experienced. The difficulties arise especially when substantives are used in a generic (general) sense and when they are premodified (preceded) by an adjective.

Your Task

Translate the following sentences into English and then compare your versions with the master answers on page 118. If your answers are all satisfactory, you may choose to admit the next, explanatory stage.

Sentences

1. Wo die Sprache aufhört, fängt die Musik an.
   E. T. A. HOFFMANN
2. Er hatte keine Angst vor dem Tod, wohl aber vor dem Tod seiner Freundin.
3. Die Druckerpresse zu Mainz ist für viel verantwortlich. Die Druckerpresse und das Buch machten das Vergessen leichter. Das Kopiergerät gab dem Gedächtnis den Rest.
   ERNST MANDELBAUM
4. Die meisten Menschen vergessen das meiste, die wenigsten erinnern sich an alles.
5. Sie fuhren in die Schweiz, fanden aber nicht mehr die Schweiz, die sie vor vierzig Jahren kennengelernt hatten.
6. Er spielte Klavier und Trompete und tanzte total toll Lambada.
7. Die Spekulation ist die betrunkene Philosophie.
   LUDWIG FEUERBACH
8. Selbst die deutsche Sprache ist nicht so tiefsinnig wie die deutsche Musik.

> “ *Nichts ist schlimmer, als wenn einer Wörtlichkeit nimmt, ohne den Sinn zu kontrollieren, und nichts ist gefährlicher als Wörter, die so vertraut klingen, weil man Verwandtschaft spürt: gemeinsame Herkunft ist oft nur die Ursache völliger Verschiedenheit.* ”

HEINRICH BÖLL, *Wort und Wirklichkeit*. In: *Essayistische Schriften und Reden 2: 1964–1972*. Köln: Kiepenheuer & Witsch 1979.

2 Specimen Sentences in English Translation

Sentences

A. Das Geld, die Krankheit, die Zukunft: Verkleidungen des Nichts. HUGO VON HOFMANNSTHAL
Money, illness, the future – disguises of nothingness.

B. Die Skepsis ist die Eleganz der Angst. E. M. CIORAN
Scepticism is the elegance of fear.

C. Das Schwein ist das Nonplusultra von Glück. FRIEDRICH HEBBEL
The pig is the ultimate in happiness Or: *A pig is... /Pigs are...*

D. Wer für Harmonie ist, muss bereit sein, das Harmonium zu spielen. FRANZ-JOSEF STRAUSS
If you are in favour of harmony, you must be prepared to play the harmonium.

E. Die Türkei und die ehemalige Tschechoslowakei bemühten sich um die Aufnahme in die EG.
Turkey and the former Czechoslovakia sought admission to the EC.

F. Sie behauptete, England leide vor allem an zweierlei: am englischen Schulwesen und am englischen Snobismus. Die meisten Engländer seien deshalb unausstehlich.
She maintained that England suffered above all from two things – the English school system and English snobbery. Most Englishmen, she argued, were therefore insufferable.

Guidelines

1. Large, abstract nouns used generically as in A and B – '*das Geld*', '*die Krankheit*', '*die Skepsis*', '*die Angst*' – take no article.
2. Large abstract nouns particularized by a noun phrase, however – such as '*die Eleganz der Angst*' – do require an article.
3. '*Die Vergangenheit*', '*die Gegenwart*' and '*die Zukunft*' are always translated as 'the past', 'the present', 'the future'.
4. A particular noun such as '*das Schwein*', used generically, takes an article. The sense of C may be translated also by 'a pig' or 'pigs'.
5. Musical instruments and dances always require an article, as in D.
6. The translation of '*die meisten* + noun' is 'most' with no article.
7. Some countries which take an article in German require no article in English: e.g. i) Switzerland ii) Turkey iii) Iran iv) Irak v) Czechoslovakia – but note: 'the former Czechoslovakia' etc.
8. A generic noun premodified by an adjective as in F takes an article if it is a count noun, but not if it is a non-count noun (in the sense in which the noun is being used).
9. For further matters concerning the article see Units 7 and 18.

Step 2: Translating the Language of Human Character

Translation Text

The Text

The texts below, a series of 'lonely heart ads' from a variety of newspapers and magazines, have been selected because they contain both many instances of the use of the definite article and what such texts are almost invariably rich in – the language of human character description, a field which contains many false friends for the unwary.

Your Task

Translate the texts below in their entirety, paying especial attention to the points mentioned above and then compare your version with the master translation on page 119.

Kontaktanzeigen

Text

Königin der Nacht bittet um Einlass bei Sarastro
Den Rest meines Lebens möchte ich an der Seite eines geistreichen Mannes verbringen und mich endlich ganz der Liebe sowie Musik, Natur und Ästhetik widmen.

Akademiker, 32/1,76, promoviert, ledig, kath., gesicherte Stellung, sympathisches Äußeres, sucht adäquate Ehepartnerin.

Hübsche, temperamentvolle Blondine, Akad., naturverbunden, sportlich, kosmopolitisch, kulinarisch bewandert, sinnlich, mal Frau, mal Mädchen, mag eher die kleinen wesentlichen Dinge des Lebens als 2 Porsche in der Garage. Freut sich auf selbstbewussten Kerl (-38, +175) mit peppiger Lebensführung und flexiblen Denkstrukturen, ausgeglichenem Naturell, Knackpopo, Sport und Spaß am Leben.

25 Jahre jung, selbstsicher und intelligent, mal modisch-chic, mal sportlich-lässig, das ist Monika, ein äußerst attraktives, bildhübsches Persönchen aus gutem Elternhaus. An die ständigen Blicke der Männerwelt gewöhnt, wirkt sie äußerlich meist etwas cool – im Inneren ihres Herzens sehnt sie sich jedoch nach einem zärtl., liebev. Partner, auf den sie sich absolut verlassen kann, denn das ist in der heutigen Zeit besonders wichtig.

Jungakad., 34, 180, gesprächig, weltoffen, warmherzig, vielschichtig, mit ernsten und verspielten Seiten, musischen Neigungen u. Interesse am Zeitgeschehen, su. eine lebendig-warmherzige, gripsige u. sinnliche Sie für ein wärmendes u. anregendes Miteinander.

Step 3: Vocabulary Work

1 The Language of Human Nature

Your Task Complete the crossword below, which is made up of twenty-three of the essential false friends in the field of human characteristics. Then turn to the further questions in the second part beneath. The correct answers are to be found on page 120.

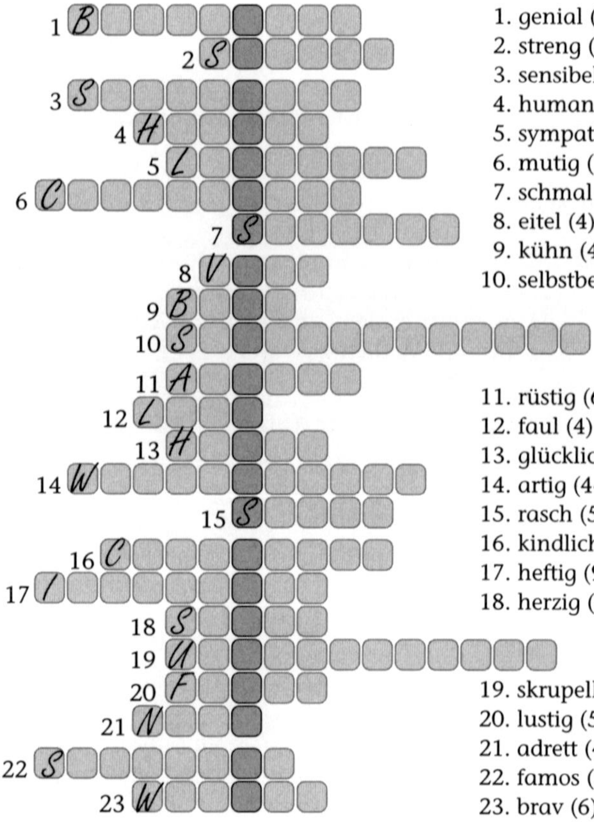

1. genial (9)
2. streng (6)
3. sensibel (9)
4. human (6)
5. sympathisch (8)
6. mutig (10)
7. schmal (7)
8. eitel (4)
9. kühn (4)
10. selbstbewußt (4–9)
11. rüstig (6)
12. faul (4)
13. glücklich (5)
14. artig (4-7)
15. rasch (5)
16. kindlich (9)
17. heftig (9)
18. herzig (5)
19. skrupellos
20. lustig (5)
21. adrett (4)
22. famos (8)
23. brav (6)

Key Phrase: bekannter Spruch über die Vielfalt der Menschen

Your Task State the meaning of the words below, which are the incorrect – false friend – answers to the questions above.

Options Genial – strong – sensible – human – sympathetic – moody – small – idle – keen – self-conscious – rusty – foul – lucky – arty – rash – kindly – hefty – hearty – scrupulous – lusty – adroit – famous – brave

2 The Language of Human Characteristics

Your Task

On the left below are ten pairs of false friends from the field of human character and human appearance. On the right below are twenty individual people each with a striking appearance or characteristic. Match each word with the person it best describes.

1. bleich
2. bleak
3. devot
4. devout
5. keusch
6. coy
7. kräftig
8. crafty
9. mondän
10. mundane
11. offiziös
12. officious
13. pünktlich
14. punctilious
15. rank
16. rank
17. schlicht
18. slight
19. virtuos
20. virtuous

A. an upright, honest, incorruptible judge
B. a clever, cunning, 'tricky Dicky' pick-pocket
C. a firm and faithful believer and church-goer
D. a sad and sorrowful pessimist
E. a leggy, slender, shapely female fashion model
F. a mighty and muscular weight-lifter
G. a pale patient who needs to see the sun
H. a bossy, pompous, pedantic civil servant
I. a semi-official spokesperson
J. a chic, sleek member of high snobiety
K. a monk who lives most modestly
L. an always obedient and submissive servant
M. a formal and precise pedant
N. a traveller never late for train or plane
O. a shy and bashful child
P. an unwashed person who stinks to high heaven
Q. a pure and perfect virgin
R. a slim and small individual
S. a normal, even boringly normal person
T. a terrifically talented piano-player

3 The Language of Less Pleasant Characteristics

Your Task

Read the passage below, paying especial attention to the sixteen words underlined, thirteen of which are false friends from the less attractive side of human nature. Then answer the questions beneath.

Text

Er hatte nicht die üblichen Charakterfehler des Beamten: weder die launische Überheblichkeit noch den skurrilen Buchstabenglauben.

Unsympathisch war er allerdings, aber aus anderen Gründen: er war oft ausgesprochen rüde, ja geradezu ordinär.

Mancher sagte: „Ach, der hat denselben Knacks wie sein Vater." Denn der Vater – eine große, ungelenke Gestalt – war eine grimmige, ungehobelte Person und ein herzloser, unbarmherziger Erzieher.

Andere hingegen hielten die Mutter für verantwortlich. Sie sei zeit ihres Lebens zu proper gewesen. Das Benehmen des Sohnes sei eine verspätete Rebellion gegen ihre kleinliche, pedantische Art.

Eine dritte Variante lautete schlicht und einfach: Alkohol. Und dies war ebenfalls einigermaßen überzeugend, denn der Sohn war nicht selten blau, wobei sein ohnehin fragwürdiger Humor noch deftiger, seine Anspielungen noch verletzender und seine Annäherungsversuche noch plumper ausfielen.

Aber Gründe hin, Gründe her, er war taktlos. Der geht zugrunde, der immer zu den Gründen geht. Und wer zu einem Beamten geht, möchte nicht zugrunde gehen, oder zumindest nicht am Beamten. Also: Wer eine fatale Begegnung vermeiden wollte, wich diesem Beamten aus.

Statements

In the light of the above passage, which of the following statements are definitely true? The correct answers are to be found on page 121.

1. The mother was cleanly.
2. The father was grimy.
3. The son had his father's knack.
4. Civil servants tend to be scurrilous.
5. Meeting the son was fatal.
6. He was often blue.
7. His humour was deft.
8. He could become plump.
9. Civil servants are often loony.
10. The mother was pedantic.
11. The father was gross.
12. Their son was unsympathetic, an ordinary civil servant.
13. He was tactless, too.
14. His father was heartless.
15. His mother was proper.

4 UNIT Health and Sickness

Step 1: The Translation of '*etwas machen lassen*'

1 Trial Sentences

The Problem

The translation of the construction '*etwas machen lassen*' is especially difficult. It involves surprising and puzzling forms, particularly when past tenses or modal verbs are concerned. There are also some important exceptions to the general rules.

Your Task

Translate the following sentences into English and then compare your versions with the master answers on page 121. If your answers are all satisfactory, you may choose to omit the next, explanatory step.

Sentences

1. Ein Bettler rasiert sich nie. Ein Bürger rasiert sich täglich. Ein König lässt sich zweimal täglich rasieren.
2. Er zitierte Jean Paul: „Man gewinnt mehr, wenn man Mägden etwas für sich tun lässt, als wenn man etwas für sie tut"!! Wenn er solche Ansichten vertritt, sagte sie zu sich, lasse ich ihn abblitzen.
3. Im 5-Sterne-Hotel ließ sie ihre Faltenröcke bügeln und ihre Stiefeletten wienern.
4. Der Mietvertrag ließ zwei Interpretationen zu. Aber sie hatten die ganze Wohnung bereits streichen und tapezieren lassen.
5. Schade! Ich hätte das Buch früher binden lassen sollen.
6. Die Regierung ließ die Hungerstreikenden der Reihe nach verhungern und als Märtyrer zu Grabe tragen.
7. Herbst. Die Bäume lassen ihre Blätter fallen. Die Menschen lassen ihre Sommerpläne fallen. Die Ministerien lassen die Hochschulen leer ausgehen.
8. Du, lass' dich nicht verhärten in dieser harten Zeit. W. BIERMANN

> *Für das Übersetzen sind alle Eigenschaften einer lexikalischen Einheit relevant. Und das ist, wenn man den Umfang und die Lebendigkeit, die Wandelbarkeit des Wortschatzes einer Sprache bedenkt, wirklich keine Kleinigkeit.*

JUDITH MACHEINER, *Übersetzen. Ein Vademecum.*
Frankfurt am Main: Eichborn Verlag 1995.

2 Specimen Sentences in English Translation

Sentences

A. Sie lässt sich neue Schuhe immer im Geschäft imprägnieren.
She always has new shoes waterproofed in the shoe-shop.

B. Für die Diplom-Feier ließen sie ein schönes Büfett anrichten.
For the graduation ceremony they had a fine buffet prepared.

C. Sie hatte sich einen tollen, schmuseweichen Pulli stricken lassen.
She had had herself knitted a super, cuddly soft pullover

D. Es wäre besser gewesen, wenn sie den andauernd defekten Kopierer nicht reparieren, sondern ersetzen lassen hätten.
It would have been better if they had had the copying machine, which was perpetually out of order, not repaired but replaced.

E. Als sie anrief, ließ er alles fallen und ließ sich schnell zum Bahnhof bringen.
When she phoned, he dropped everything and had himself taken swiftly to the station.

F. Die Bäume ließen ihre Blätter auf die einsame Chaussee fallen.
The trees shed their leaves onto the lonely roadway.

G. Die Macho-Typen ließ sie gerne abblitzen.
She took pleasure in sending macho types packing.

Guidelines

1. The German verb '*lassen*' has two basic meanings:
   a) '*zulassen*'
   b) '*veranlassen*'
2. When it means a) the correct translation is 'to let' or 'to allow'
3. When it means b), however, the correct translation is a construction such as 'to have something done'.
4. This can involve such puzzling forms as:
   present: 'They have their lawn mowed fortnightly.'
   future: 'We will have the books re-bound as soon as possible.'
   past: 'I have had the newspaper cancelled by our newsagent.'
   pluperfect: 'We had had the roof repaired only two weeks before.'
   conditional in the past: 'If only we had had it done earlier!'
5. When modal verbs are involved, equally surprising structures can emerge:
   'We shouldn't have had it done by amateurs.'
   ' He may have had to have it done by outside contractors' etc.
6. '*Fallen lassen*', however, is 'to drop'; but with trees it is 'to shed'.
7. '*Abblitzen lassen*' is to 'turn someone down flat', to 'send someone packing'.

Step 2: Translating the Language of Health and Sickness

Translation Text

The Text

The text below, by the Swiss writer Walter Vogt, has been chosen since it contains both instances of the use of *'lassen'* and a broad band of important vocabulary from the field of health and sickness.

Your Task

Translate the text below in its entirety, paying especial attention to the issues mentioned above, and then compare your version with the master translation on page 122. Note the vocabulary suggestions beneath the text.

Walter Vogt, „Der Herr aus Montevideo"

Text

Der Herr aus Montevideo fliegt erste Klasse nach Z. In Z. begibt er sich zu einem Professor, den ihm ein Freund, der auf der Durchreise in Z. an Lungenentzündung erkrankte, empfohlen hat. Der Herr aus Montevideo hat keine Beschwerden. Er wünscht eine Durchuntersuchung, ein sogenanntes „Check-Up". Seine Frau nimmt er ebenfalls gleich mit in die Klinik. Er nimmt an, daß sie ebenfalls ein „Check-Up" benötigt. In Montevideo besitzt der Herr ein Haus und in der Nähe der Stadt eine Tabakpflanzung. Der Herr raucht seit zwanzig Jahren nicht mehr. Er fürchtet, einen Lungenkrebs zu bekommen oder ein krankes Herz. Der Professor untersucht ihn gründlich, einige Spezialisten werden beigezogen. Jeder untersucht das Organ, für das er zuständig ist. Der Herr aus Montevideo hat Spaß an der Untersuchung. Die Frau des Herrn aus Montevideo läßt die Untersuchung lächelnd über sich ergehen. Es hat keinen Sinn, ihrem Mann zu widersprechen, wenn er sich etwas in den Kopf gesetzt hat. Zwischenhinein sitzen sie in der Stadt in einem Café. Der Kaffee schmeckt in Z. nicht gleich wie in Montevideo. Sie schicken farbige Ansichtskarten nach Hause. Sie schreiben, daß sie sich gründlich untersuchen lassen. Daß sie viel Spaß dabei haben. Daß der Kaffee in Z. anders schmeckt als in Montevideo. Der Flug war sehr angenehm. Bald werden sie zurückkehren. Sie kaufen Andenken. Die Untersuchungen ergeben lauter vollkommen normale Befunde. Die Dame aus Montevideo ist gesund. Der Herr aus Montevideo ist gesund. Beide sind zufrieden. Der Herr aus Montevideo zahlt die Rechnung, ohne einen Blick auf die Aufstellung der einzelnen Posten zu werfen. Er läßt sich seine Gesundheit etwas kosten. So wie andere ihre Krankheit. Der Herr aus Montevideo hat recht.

Suggestions

sich begeben: *to proceed, to make one's way*
sich etwas in den Kopf gesetzt haben: *to have a bee in one's bonnet*

Step 3: Vocabulary Work

1 The Language of Sickness and Health

Your Task

Distinguish between the following pairs of sentences. The English is in each case a partly faulty version of the German and contains one or more false friends from the area of good and ill health.

1. a) Der psychisch Kranke duldete keinen Arztbesuch.
   *b) The psychically ill patient wouldn't allow any doctor to see him.
2. a) Sie ließ das Rezept in der Apotheke liegen
   *b) She left the receipt in the chemist's shop.
3. a) Der Arzt blieb lange auf der Station.
   *b) The doctor stayed a long time at the station.
4. a) In der Ambulanz konnte nicht operiert werden.
   *b) No operation was possible in the ambulance.
5. a) Sie hatten aber keine Präservative.
   *b) But they had no preservatives.

2 The Language of Pains, Pests and Plagues

Your Task

Fill in the gaps in the sentences below, choosing the appropriate word from the list. Of the words in brackets only three have 'true friends'.

1. The (Schmerz) ______ was such that he found it difficult to sleep.
2. Your little sister's a real (Nervensäge) ______.
3. After running only 3km he got a terrible (Seitenstechen) ______.
4. The Great (Pest) ______ assailed the population of London in 1665.
5. '"St. Tropez am Baggersee"! I didn't get a (Stich) ______ from the sun, but I sure got several (Stiche) ______ from the midges.'
6. The job had once appealed; now, it made her life a (Pein) ______.
7. Last winter he was in bed with a (Virus) ______ for two weeks and now this year he's got acute (Angina) ______.
8. 'Ugh! These flies are a real (Plage) ______!'
9. 'She had had (Herzschmerzen) ______ for some time, but nevertheless we didn't expect it.'
10. At first they thought she had (Asthma) ______, but then they discovered it was an (Allergie) ______.

Options

Allergy – allergic reaction – angina – asthma – bite – infection – nuisance – pain – pest – pestilence – plague – stitch – stroke – tonsilitis – torment – virus – weak lungs

5 UNIT Food and Drink

Step 1: Adjective or Adverb?

1 Trial Sentences

The Problem

Whereas the German language almost never distinguishes between adjective and adverb, English almost invariably does. As a consequence, English has in addition important rules for the formation and use of adverbs. The question 'adjective or adverb?' is hence one frequently posed by translators into English.

Your Task

Translate the following sentences into English and then compare your versions with the master answers on page 124. If your answers are all satisfactory, you may choose to omit the next, explanatory step.

Sentences

1. Wer tiefer irrt, wird auch tiefer weise. GERHART HAUPTMANN
2. Alles Denken ist wesentlich optimistisch. CHR. MORGENSTERN
3. Er sprach gut und verständig aber trocken und ging ökonomisch mit dem Wort um. Öffentlich sprach er fast immer farblos und wirkte fade.
4. Mir scheint unsere Kunst noch viel zu konventionell. Sie drückt oft sehr mangelhaft jene Regungen aus, die unser Inneres durchziehen. PAULA MODERSOHN-BECKER
5. Sie sang unendlich melancholisch. Ihre Stimme hatte etwas spezifisch Litauisches.
6. 'Du hast den Käse zu dick geschnitten und die Leberpastete viel zu dick aufgetragen.'
7. Er roch häufig unangenehm. Gelegentlich roch er stark nach Alkohol.
8. Die Gnocchi schmeckten wunderbar gorgonzolahaft.

> *Translation, as is well known, brings out the hidden possibilities of a language; it is also likely to bring out the hidden curiosities and gaps.*

C. RABIN, *'The Linguistics of Translation'*. In: *Aspects of Translation.* Hrsg.: A. H. Smith. Secker and Warburg: London 1958.

2 Specimen Sentences in English Translation

Sentences

A. Du kannst so rasch sinken, dass du zu fliegen meinst.
MARIE VON EBNER-ESCHENBACH
You can fall so swiftly that you feel you are flying. Or: *... so fast ...*

B. Es war überraschend, ja unangenehm warm für die Jahreszeit.
It was surprisingly, indeed unpleasantly warm for the time of year.

C. Er handelte immer vernünftig und diplomatisch.
He always acted sensibly and diplomatically.

D. Ich habe Leute gekannt, die haben heimlich getrunken und sind öffentlich besoffen gewesen.
GEORG CHRISTOPH LICHTENBERG
I have known people who drank secretly and were publicly drunk.

E. Die Singvögel fingen an, wunderbar wehmütig zu singen.
The songbirds began to sing in a wonderfully melancholy way.

F. Er stand verlegen da und spielte ebenso verlegen mit seinem Schlüsselbund.
He stood there, embarrassed, and played equally embarrassedly with his bunch of keys.

G. Die Lebkuchen dufteten herrlich und schmeckten stark nach den herkömmlichen weihnachtlichen Zutaten.
The Lebkuchen *smelt superb and tasted strongly of the traditional Christmas ingredients.*

Guidelines

1. The standard ending of the English adverb is '-ly' – as in A. But some adverbs such as 'fast' keep the adjective form (see Appendix A).
2. The essential difficulty for the German translator is to distinguish between adjective and adverb, especially when they occur together. A word such as *'überraschend'* or *'unangenehm'* in B, conditioning the adjective *'warm'*, is an adverb and must be recognized and translated as such.
3. Adjectives ending in '-le' take an ending in '-ly' as adverbs; those ending in '-l' take '-lly'; those ending in '-ic' take '-ally' – with the exception of 'publicly'.
4. Adjectives which already end in '-ly' require a different adverbial form, as in E – 'in a melancholy way'.
5. In sentences such as F, one must see whether the German adjective/adverb refers to the subject, in which case it becomes an English adjective, or to the verb, in which case it becomes an English adverb.
6. This is especially tricky in sentences of sense perception, as in G.

Step 2: Translating the Language of Food and Drink

Translation Text

The Text

The text below, by the Syrian author Rafik Schami, now resident in Germany and writing in German, has been chosen since it contains both many instances of the adverb in action and a good spread of central vocabulary from the field of cooking, eating and drinking.

Your Task

Translate the text below in its entirety, paying especial attention to the issues mentioned above, and then compare your version with the master translation on page 124. Note the vocabulary suggestions beneath the text.

Rafik Schami, „Andere Sitten"

Text

In Damaskus fühlt sich jeder Gastgeber beleidigt, wenn seine Gäste etwas zu essen mitbringen. Und kein Araber käme auf die Idee, selber zu kochen oder zu backen, wenn er bei jemandem eingeladen ist. Die Deutschen sind anders. Wenn man sie einlädt, bringen sie stets etwas mit: Eingekochtes vielleicht oder Eingelegtes, manchmal auch selbstgebackenen Kuchen und in der Regel Nudelsalat. Warum Nudelsalat, mit Erbsen und Würstchen und Mayonnaise? Auch nach zweiundzwanzig Jahren in Deutschland finde ich ihn noch schrecklich.

In Damakus hungert ein Gast am Tag der Einladung, weil er weiß, daß ihm eine Prüfung bevorsteht. Er kann nicht bloß einfach behaupten, daß er das Essen gut findet, er muß es beweisen, das heißt eine Unmenge davon verdrücken. Das grenzt oft an Körperverletzung, denn keine Ausrede hilft. Gegen die Argumente schüchterner, satter oder auch magenkranker Gäste halten Araber immer entwaffnende, in Reime gefasste Argumente bereit.

Deutsche einzuladen ist angenehm. Sie kommen pünktlich, essen wenig und fragen neugierig nach dem Rezept. Ein guter arabischer Koch kann aber gar nicht die Entstehung eines Gerichts, das er gezaubert hat, knapp und verständlich beschreiben. Er fängt bei seiner Großmutter an und endet bei lauter Gewürzen, die kein Mensch kennt, weil sie nur in seinem Dorf wachsen und ihr Name für keinen Botaniker ins Deutsche zu übertragen ist. Die Kochzeit folgt Gewohnheiten aus dem Mittelalter, als man noch keine Armbanduhr hatte und die Stunden genüßlich vergeudete. Ein unscheinbarer Brei braucht nicht selten zwei Tage Vorbereitung, und das unbeeindruckt von aller modernen Hektik.

Deutsche Gäste kommen nicht nur pünktlich, sie sind auch präzise in ihren Angaben. Wenn sie sagen, sie kommen zu fünft, dann kommen sie zu fünft. Und sollten sie wirklich einmal einen sechsten Gast mitbringen wollen, telefonieren sie vorher stundenlang mit dem Gastgeber, entschuldigen sich dafür und loben die zusätzliche Person als einen Engel der guten Laune und des gediegenen Geschmacks.

So großartig Araber als Gastgeber sind, als Gäste sind sie dagegen furchtbar. Sie sagen, sie kommen zu dritt um zwölf Uhr zum Mittagessen. Um sieben Uhr abends treffen sie ein. Und vor Begeisterung über die Einladung bringen sie Nachbarn, Cousins, Tanten und Schwiegersöhne mit. Aber das bleibt ihr Geheimnis, bis sie vor der Tür stehen. Sie wollen dem Gastgeber doch eine besondere Überraschung bereiten. Einmal zählten wir in Damaskus eine Prozession von 29 Menschen vor unserer Tür, als meine Mutter ihre Schwester eingeladen hatte, um mit ihr nach dem Essen in Ruhe zu reden.

Ein leichtfertiges arabisches Sprichwort sagt: Wer vierzig Tage mit Leuten zusammenlebt, wird einer von ihnen. Seit über zwanzig Jahren lebe ich mit den Deutschen zusammen, und ich erkenne Veränderungen an mir. Aber die Mitbringsel der Gäste? Wein kann ich inzwischen annehmen, aber Nudelsalat – niemals.

Suggestions

verdrücken: *to 'polish off', to 'stow away'*
Körperverletzung: *bodily injury*
unscheinbar: *not particularly striking, unimportant-looking*

Step 3: Vocabulary Work

1 The Language of the Trencherman

Your Task

Read the passage below, paying especial attention to the nineteen words underlined, fifteen of which are false friends from the field of eating and drinking. Then consider the statements below.

Text

Ja, Herr Mundlmayr tat sich gütlich an <u>Speisen</u>. Zu gütlich, meinte sein Arzt. Denn bei Mundlmayr war die Unenthaltsamkeit Fleisch geworden, er war Feinschmecker und Fresswanst in einem.

Ob Schlemmer<u>toasts</u> mit delikater Sauce oder ob deftige, fetttriefende <u>Pfannkuchen</u>, ob Geflügel mit einer <u>köstlichen</u> Füllung oder ob schlichtes deutsches <u>Beefsteak</u> mit <u>Butterbohnen</u> – alles wusste er gebührend zu würdigen, und alles, schier alles wusste er zu verschlingen.

Auch zwischen den Mahlzeiten wurde genussvoll geknabbert, mal ein <u>Berliner</u>, mal ein <u>Rosinen</u>brötchen, mal ein paar <u>Waffeln</u>, mal eine Packung <u>Kekse</u>, mal – und dies mit besonderer Vorliebe – <u>Nougat</u>.

Zu <u>Alkoholika</u> hatte Herr Mundlmayr ebenfalls herzliche Beziehungen. Freute er sich mittags auf sein <u>Bier</u>, so waren abends erlesene Weine oder ein besonders erfrischender französischer Sekt an der Tagesordnung. Und später am Kamin immer ein Likör.

Ja, Herr Mundlmayr tat sich gütlich an Speisen. Zu gütlich, meinte sein Arzt. Schlug dieser aber eine Diät oder gar Fasten oder zumindest nichts Scharfes vor, so winkte jener gelassen aber entschieden ab. „Die Fetten leben vielleicht kürzer," räumte er augenzwinkernd ein, „aber essen tun sie bestimmt länger."

Statements

In the light of the above passage, which of the following statements are definitely true? The correct answers are to be found on page 126.

1. Mr Mundlmayr had warm relations with alcoholics.
2. He had a liking for spices of all kinds.
3. Between meals he often nibbled cakes.
4. He liked select vines.
5. He enjoyed the toasts of fellow gourmets.
6. Of nougat he was especially fond.
7. His doctor recommended a diet or at least nothing sharp.
8. Mundlmayr enjoyed a costly stuffing.
9. A French sect he found especially refreshing.
10. He had nothing against a German beefsteak ...,
11. ... with which he would eat butter beans.
12. Berliners were also to his liking.
13. He enjoyed pancakes.
14. He ate waffles between mealtimes.
15. After his evening meal he always had liquor.
16. He enjoyed eating resins in his rolls.
17. At midday he always looked forward to his bier.
18. Despite everything and all warnings he refused to fast.

2 The Language of Eating Out

Your Task

Study the meals on offer at the seafood restaurant 'SOMETHING FISHY' overleaf and then consider the statements which now follow.

Statements

1. Es gibt nur das eine Menü.
2. Will man Schellfisch essen, so muss man den Cocktail wählen.
3. Der einzige Fischsalat wird aus Krabben gemacht.
4. Dazu gibt es Melone.
5. Als Nachspeise stehen verschiedene Pasteten zur Auswahl.
6. Oder man kann einen Milchpudding bestellen.
7. Er hat dann einen Klecks Marmelade drauf.
8. Als Alternative gibt es Erdbeereis.
9. Das einzige warme Fischgericht ist Scholle.

10. Dazu bekommt man Kartoffelchips ...
11. ... und ein Stück Limone.
12. Zum Käsesalat gibt es Kresse und Radieschen.
13. Dieses Gericht ist gratiniert.
14. Zum Tee isst man Biskuit.
15. Die wohl verlockendste Nachspeise ist eine Himbeer-Torte.
16. Und dazu gibt es eine englische Creme.

Meals

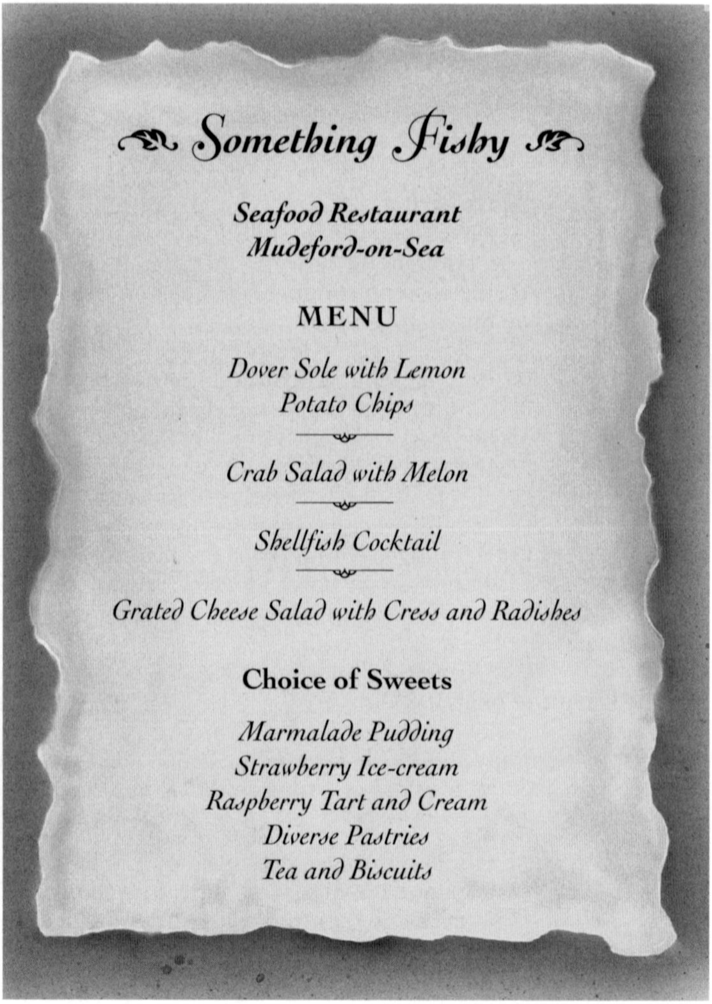

Something Fishy

Seafood Restaurant
Mudeford-on-Sea

MENU

Dover Sole with Lemon
Potato Chips

Crab Salad with Melon

Shellfish Cocktail

Grated Cheese Salad with Cress and Radishes

Choice of Sweets

Marmalade Pudding
Strawberry Ice-cream
Raspberry Tart and Cream
Diverse Pastries
Tea and Biscuits

Revision I

Step 1: Revision Sentences

The Material

The following sixteen sentences allow you to test the knowledge and skills acquired in the foregoing five units. Each sentence contains one or more of the basic but essential points analysed and practised there.

Your Task

Translate the sentences below and then compare your answers with the master answers on page 127. If you find any grave weaknesses in your versions, return to the Unit(s) concerned for a second look.

Sentences

1. Die Zeit, welche die Technik erspart, kostet der Bürokrat, der sie organisiert. LUDWIG MARCUSE
2. Wer sich mit der Kunst verheiratet, bekommt die Kritik zur Schwiegermutter. HILDEGARD KNEF
3. Als Kind ließ man mich sein (ich wurde also gut erzogen). PETER HANDKE
4. Die Literaturpreise sind die Politik in der Literatur. CHRISTINE BOLL
5. In auswegloser Umstellung soll man sich zu erkennen geben wie ein Kriegsschiff, das seine Flagge zeigt. ERNST JÜNGER
6. Man kann die Wahrheit nicht ins Feuer werfen. Sie ist das Feuer. FRIEDRICH DÜRRENMATT
7. In schweren Zeiten besteht die Vergangenheit aus einer Kette von Paradiesen. ANITA DANIEL
8. Er hat einen eignen Swimmingpool aber keine eigenen Ideen.
9. Die Blume ist das Lächeln der Pflanze. PETER HILLE
10. Die Erotik ist die einzige Kunstform, die die meisten Menschen noch betreiben – der einzige Ort, wo sie sich frei bewegen. CEES NOOTEBOOM
11. Im Gefängnis träumt man lebendiger von der Freiheit. WILLIBALD ALEXIS
12. Lob: eine Huldigung, die wir solchen Leistungen darbringen, die den eigenen zwar nicht gleichkommen, ihnen aber doch ähnlich sind. AMBROSE BIERCE
13. Eine faire Frau stößt den versklavten Mann in die Freiheit hinaus, vor der er ständig flieht. ESTHER VILAR
14. Der organisierte Wahnsinn ist die größte Macht der Welt. GERHART HAUPTMANN
15. Als die Bäume ihre Blätter langsam aber beharrlich fallen ließen, ließ sie sich immer einen neuen Herbstmantel machen.
16. Das ist freilich auch wahr: ein vollkommen guter Mensch wäre für nichts zu gebrauchen. KARL HEINRICH WAGGERL

Step 2: Revision Translation Texts

The Text

The fable and the anecdote below, by the theologian and writer Georg Born and the literary critic and biographer Werner Fuld, have been chosen since they allow revision both of some vocabulary and of several key structures found in the foregoing units.

Your Task

Translate the texts in their entirety and then compare your version with the master translation on page 127. If you find any grave weaknesses in your version, return to the Unit(s) concerned for a second look.

Georg Born, „Sie tanzte nur einen Winter"

Text

Es war Sommer. Auf einer Wiese, wo sich die Blumen im weichen Winde wiegten, saß eine Grille. Sie sang. Am nahen Waldrand eilte geschäftig eine Ameise hin und her. Sie trug Nahrung für den Winter zusammen. So reihte sich Tag an Tag. Der Winter kam. Die Ameise zog sich in ihre Wohnung zurück und lebte von dem, was sie sich gesammelt hatte. Die sorglose Grille aber hatte nichts zu nagen und zu beißen. In ihrer Not entsann sie sich der fleißigen Ameise. Sie ging zu ihr, klopfte an und bat bescheiden um ein bißchen Nahrung. „Was hast du im Sommer getan?" fragte die Ameise hintergründig, denn sie liebte die Tüchtigkeit über alles. „Ich habe gesungen", antwortete die Grille wahrheitsgetreu. „Nun gut, dann tanze!" antwortete die Ameise boshaft und verschloß die Tür. Die Grille begann zu tanzen. Da sie es gut machte, wurde sie beim Ballett engagiert. Sie tanzte nur einen Winter und konnte sich dann ein Haus im Süden kaufen, wo sie das ganze Jahr singen konnte.

Moral: Ein guter Rat ist oft mehr wert als eine Scheibe Brot.

Werner Fuld, „Als der junge Lord Alfred Douglas ..."

Text

Als der junge Lord Alfred Douglas zum erstenmal Oscar Wilde besuchen wollte, wurde er nicht vorgelassen; auf Anweisung des hochmütigen Dichters verabschiedete ihn der Kammerdiener nach zwanzig Minuten des Wartens mit den Worten: „Euer Lordschaft haben Ihre Visitenkarte vergessen." Wütend erwiderte Douglas: „Ich werde sie abholen lassen!" Oscar Wilde, der hinter der Tür gelauscht hatte, war so entzückt von dieser Replik, daß er den Lord noch an der Pforte einholte und damit beider Leben ruinierte.

6

UNIT **House and Home**

Step 1: The Translation of 'man'

1 Trial Sentences

The Problem

The translation of the word *'man'* is complicated by the fact that it has at least six possible translations in English, by no means all of which are admissible in each case. See if you can find these six possibilities by translating the following sentences, paying especial attention to the issues raised by the word *'man'*.

Your Task

Translate the following sentences into English and then compare your versions with the master answers on page 128. If your answers are all satisfactory, you may choose to omit the next, explanatory step.

Sentences

1. Man muss schon etwas wissen, um verbergen zu können, dass man nichts weiß. MARIE VON EBNER-ESCHENBACH
2. Die Erde ist unsere Mutter, und seine Mutter tötet man nicht. GRAFFITO
3. Wo man Bücher verbrennt, verbrennt man später auch Menschen. HEINRICH HEINE
4. In der ganzen Welt spricht man Englisch – oder so sagt man jedenfalls.
5. Man lebt nur zweimal. JAMES BOND
   Man lebt nur einmal. VOLKSMUND
   Man lebt nicht einmal einmal. KARL KRAUS
6. Wie war's gestern in der Talk-Show? – Ach, man redete und redete.
7. Je mehr man für den Krieg rüstet, desto weiter entfernt man sich vom Frieden. DIE GRÜNEN

> *Die Übersetzung ist die Überführung der einen Sprache in die andere durch ein Kontinuum von Verwandlungen. Kontinua der Verwandlung, nicht abstrakte Gleichheits- und Ähnlichkeitsbezirke durchmisst die Übersetzung.*

WALTER BENJAMIN, *Über Sprache überhaupt und über die Sprache des Menschen.* In: *Angelus Novus. Ausgewählte Schriften 2.* Frankfurt am Main: Suhrkamp 1956.

2 Specimen Sentences in English Translation

Sentences

A. Alt ist man dann, wenn man an der Vergangenheit mehr Freude hat als an der Zukunft. JOHN KNITTEL
One is old when one takes greater pleasure in the past than in the future. Or: *You are old when you ...*

B. Erfolge muss man langsam löffeln, sonst verschluckt man sich an ihnen. ERIKA PLUHAR
Successes you must spoon up slowly: otherwise you swallow them the wrong way. Or: *... one must ... one swallows ...*

C. Heutzutage ist man entsetzlich blasiert.
Nowadays people are terribly blasé. Or: *... we are ...*

D. Die Krankheiten, die das Wachstum der Menschheit bezeichnen, nennt man Revolutionen. FRIEDRICH HEBBEL
The diseases which characterize the growth of mankind are called 'revolutions'

E. Propaganda ist eine Lüge, die man einer Million Menschen erzählt.
Propaganda is a lie told to a million people.

F. Man sagt, die Beziehung könne maximal sechs Monate halten.
They say the relationship can last six months at the outside.

G. Nur vom eignen Bett kennt man die Flöhe. SUAHELI-WEISHEIT
Only from one's own bed does one know the fleas.

Guidelines

1. There are at least six possible translations of 'man' – 'one', 'you', 'they', 'people', 'we', and the passive voice.
2. Of these translations one is especially problematic, namely the translation 'one'. 'One' can be used as a translation only when the speaker or writer is included in the statement made.
3. The translation 'you' is a more colloquial version for 'one'. Thus in sentences A and B above both versions are possible.
4. The translations 'people' and 'they' are appropriate when the writer or speaker probably does not include himself or herself in the statement made – as in the frequent 'they say' or 'people say'.
5. 'We' is the fitting translation when the writer wishes strikingly to draw attention to the involvement of all of us – as in the alternative translation for sentence C.
6. An elegant alternative in many cases is the passive, as in D and E.
7. When a translation involves the possessive pronoun, it is essential to use parallel forms: 'one' ... 'one's'; 'you' ... 'your'; 'we' ... 'our'; 'they' ... 'their'.

Step 2: Translating the Language of House and Home

Translation Text

The Text

The text below, by the well-known Swiss short-story writer Peter Bichsel, has been chosen since it contains both several instances of the use of '*man*' and a broad range of essential vocabulary from the field of house and home.

Your Task

Translate the text below in its entirety, paying especial attention to the issues mentioned above, and then compare your version with the master translation on page 129. Note the vocabulary suggestions beneath the text.

Peter Bichsel, „Stockwerke"

Text

Behelfsmäßig kann man sich ein Haus vorstellen, ein Haus mit vier Stockwerken, mit einer Treppe, die sie verbindet und trennt, mit einem Ziegeldach; ein Haus an einer Straße, auf teurem Boden hineingezwängt zwischen andere, die Fenster gegen die Straße gerichtet, den Eingang im Hinterhof.

Im Parterre würde niemand wohnen. Man hat noch nie jemanden gesehen im Parterre. Im Parterre ist dieselbe braune Tür, gesprungener Lack, Milchglasscheiben, blaugestreifte Vorhänge. Im Parterre wohnt vielleicht niemand.

Erster Stock: Braune Tür, gesprungener Lack, Milchglasscheibe. Hier wohnt jemand.

Zweiter Stock: Hier wohnt auch jemand.

Und im dritten Stock wohnt jemand.

Wenn jemand auszieht, zieht jemand ein. Am ersten Tag riecht man es, riecht man die Vorliebe für Knoblauch oder den Ölgeruch des Mechanikers oder das Sägemehl des Schreiners, später vielleicht noch den Windelgeruch der Kleinen, aber dann, am dritten Tag schon, gehört der Geruch dem Haus, ist es wieder das Haus mit den vier Stockwerken.

Im zweiten Stock wohnt wieder jemand.

Die Türschildchen werden gewechselt.

Ein Telefonmonteur öffnet das Kästchen unten im Gang, ändert den Anschluss und flucht und ändert ihn noch einmal und geht.

Vielleicht wohnt im Parterre doch jemand.

Im Frühling, am 4. April zum Beispiel, wirft die Sonne eine Zeichnung auf die Treppe zwischen dem zweiten und dritten Stockwerk, es ist dieselbe wie letztes Jahr.

Das Mädchen vom dritten Stock klopft im zweiten Stock und bittet die Frau höflich und schüchtern, ob es den Ball haben dürfe, der ihm vom dritten Stock auf den Balkon des zweiten Stocks gefallen sei.

Der Dachboden ist mit Latten unterteilt, jedes Stockwerk hat ein Abteil, jedes Abteil ist mit einem Vorhängeschloss gesichert, sicher werden hier auch alte Matratzen aufbewahrt, Fotoalben und Tagebücher, Spiegel.
Jemand kehrt den Dachboden alle zwei Wochen.
Hausierer pflegen zuerst im obersten Stock zu läuten. Nachdem sie gefragt haben, ob weiter oben noch jemand wohne, gehen sie hinunter, läuten im zweiten Stock, dann im ersten, dann im Parterre. Die Hoffnung macht das Treppensteigen leichter und enttäuscht kann man nur hinuntergehen. Hausierer haben mit Häusern zu tun.
Förster haben mit dem Wald zu tun. Frauen haben mit dem Warten zu tun.
Häuser sind Häuser.

Suggestions

behelfsmäßig (adv.): *provisionally, in a rough and ready way*
der Hausierer: *the hawker, door-to-door salesman*
die Latte: *the wooden slat*

Step 3: Vocabulary Work

The Language of Buildings

Your Task

Distinguish between the following pairs of ill-translated sentences, each of which contains one or more pairs of false friends from the field of buildings. The correct answers are to be found on page 130.

1. a) Sie fahren an einer Reihe demolierter Häuser vorbei, kommen zu einer Baracke außerhalb und biegen dann gleich links ab.
   *b) You go past a line of demolished houses, come to a barracks a bit outside town and then take the first on the left.
2. a) Gegenüber von den Rathäusern entsteht eine neue Stadthalle.
   *b) Opposite the council houses a new town hall is being built.
3. a) Wie komme ich am besten zur Messe, bitte?
   *b) Can you please tell me the quickest way to the mess?
4. a) Das kleine Lagerzelt befand sich unmittelbar hinter dem Lokal.
   *b) The small lager tent was immediately behind the local.
5. a) Man erkennt das Haus leicht an seiner vom Blitz beschädigten Mansarde.
   *b) You can easily recognize the house by its mansard, which was damaged in the blitz.

7 UNIT The Town

Step 1: The Use of the Definite Article in Proper Names

1 Trial Sentences

The Problem

Some of the basic problems with the definite article have already been dealt with in Unit 3. There remain, however, major problems concerning the use of the article in the names of buildings, bridges, roads, rivers, mountains, organisations and the like. British usage here is complex, at times idiosyncratic.

Your Task

Translate the following sentences into English and then compare your versions with the master answers on page 131. If your answers are all satisfactory, you may choose to omit the next, explanatory stage.

Sentences

1. Man wächst an der Themse anders auf als an der Spree, der Limmat oder am Inn.
2. Fort William, am Südostufer des Loch Linnhe, wird von dem mächtigen Ben Nevis überragt.
3. Bereits im achtzehnten Jahrhundert wurde die Oxford Street zur beliebten Einkaufsmeile im Londoner Westend.
4. Von der Tower Bridge aus hat man einen hervorragenden Panoramablick über die einstigen und heutigen Docklands.
5. Schätzchen, sollen wir diesmal im „Ritz“ übernachten oder lediglich im „Mayfair Palace“?
6. Ganz oben auf ihrer Liste standen das Unterhaus, die Tate Gallery und das Museum der Bank von England.
7. Großbritannien war bereits 1949 Gründungsmitglied der NATO, trat aber erst 1973 der EWG bei.

> “*Es ist nötig, dass das Ansehen dieser Tätigkeit erneuert und dass sie wie eine geistige Arbeit ersten Ranges geschätzt wird. Wenn das geschähe, käme man dahin, das Übersetzen in eine Wissenschaft sui generis zu verwandeln, die, dauernd gepflegt, eine eigene Technik herausbilden würde, die unser geistiges Wegenetz in fabelhafter Weise erweitern würde.*”

Ortega y Gasset, *Glanz und Elend der Übersetzung* (1937)

2 Specimen Sentences in English translation

Sentences

A. Sie radelten den Wye entlang ins Golden Valley.
They cycled along the (River) Wye into the Golden Valley.

B. Im Vergleich zum Eiger oder gar den Churfirsten stellte der Mount Snowdon keine Herausforderung dar.
In comparison to the Eiger or the Churfirsten, Snowdon was no challenge.

C. Sie gingen den Strand entlang zur Fleet Street und dann den Ludgate Hill hoch in die City.
They walked along the Strand to Fleet Street and then up Ludgate Hill into the City.

D. Der Trauerzug ging langsam vom Kensington Palace am Hyde Park vorbei und dann über die Mall und die Whitehall zur Westminster-Abtei.
The funeral cortège proceeded slowly from Kensington Palace past Hyde Park and then via the Mall and Whitehall to Westminster Abbey.

E. Sie flogen vom Frankfurter Rhein-Main-Flughafen zum Londoner Stansted Airport.
They flew from Frankfurt Main-Rhine Airport to Stansted (Airport).

F. Das Astoria-Hotel lag im vornehmen Ostende der Stadt, unweit dem Nationaltheater, der Oper und der Staatsgalerie.
The Astoria Hotel was in the posh East End of the city, close to the National Theatre, the Opera and the State Art Gallery.

G. Vor dem EG-Beitritt war Großbritannien Mitglied der EFTA.
Before joining the EC, Great Britain was a member of EFTA.

Guidelines

1. Names of rivers, both British and foreign, do take an article.
2. Names of British mountains and lakes – or lochs – generally have no article (but note: the Wrekin); names of German-language mountains in English, however, do require an article.
3. Names of streets, British and American, in general require no article. Famous exceptions to the rule are: the Mall, the Strand (both in London) and the High (in Oxford).
4. A road or street named after the place to which it leads, however, in general does take an article: the Croydon Road.
5. Names of bridges, parks and squares have no article.
6. Cathedrals, churches, palaces and castles normally take no article. The same is true for stations and airports.
7. Parliaments, museums, galleries, banks and hotels generally do require the article. This holds also for parts of towns.
8. Organisations in general do require an article.
9. Organisations whose names are abbreviated take no article if the name is spoken as an acronym (NATO, UNESCO), but do require an article if spoken as individual letters (the EC, the BBC).

Step 2: Translating the Language of Town and City

Translation Text

The Text

The following text from the well-known writer of travel guides for the British Isles Axel Patitz has been chosen because it contains both many examples of the problems involved in translating British place names and a wide range of vocabulary concerning town and city.

Your Task

Translate the text below in its entirety, paying especial attention to the issue mentioned above, and then compare your version with the master translation on page 131. Note the vocabulary suggestions beneath the text.

Axel Patitz, „Edinburgh"

Text

Mit Edinburgh (405 000 Ew.) hat Schottland eine bedeutende und überaus schöne Hauptstadt. Im Vereinigten Königreich zieht nur London noch mehr Besucher an, wobei es zweifellos als Vorzug gelten kann, daß Edinburgh (sprich: Edinborough) intimer und übersichtlicher ist. Der natürliche Mittelpunkt ist der beherrschend über der Stadt aufragende Burgberg mit der Altstadt, den man als Keimzelle der schottischen Nation bezeichnen kann. Bei der Entstehung der Stadtlandschaft haben Hügel und Täler ein höchst abwechslungsreiches Profil hervorgebracht. Burgberg und Princes Street sind die beiden Pole, getrennt durch die natürliche Talsenke der anderthalb Kilometer langen Princes Street Gardens.

Fast eine Stadt für sich ist Edinburgh Castle mit seinen Mauern und dichtgedrängten Bauten. Es bildet mit der Royal Mile, dem mittelalterlichen Straßenzug bis hinab zum Schloß Holyroodhouse, den Gegenpol zur Neustadt jenseits der Princes Street. Diese New Town ist auch schon um die 230 Jahre alt. In ihrer großartigen architektonischen Geschlossenheit mit den noblen Häusern an schnurgeraden Straßen, halbkreisförmigen Crescents, weiten Plätzen und Parks ist sie ein Musterbeispiel der Stadtplanung jener Epoche. Als Festspielstadt hat Edinburgh internationalen Ruf. Dabei sind die schottischen Besucher in der Überzahl, so daß das Lokalkolorit nicht so sehr verwässert ist, wie zu erwarten wäre.

Die Princes Street ist Haupteinkaufsstraße. Hier liegen Spezialgeschäfte wie Hector Russel, Kiltmaker, British Home Stores und das Kaufhaus Jenners. Am oberen Ende, beim Waverleybahnhof entstand das unterirdische Shoppingcenter Waverley mit rund 60 Läden und mehreren Restaurants. In der parallel zur Princes Street verlaufenden Rose Street (Fußgängerzone) liegen viele kleine Geschäfte. Typisch Schottisches von Kunsthandwerk über Mode bis zu Eß- und Trinkbarem ist auf die Royal Mile und die Straßen um Grassmarket konzentriert.

Suggestions

übersichtlich: *easy to (come to) know*
abwechslungsreich: *diversified*
Keimzelle: *cradle, heart*
Geschlossenheit: *unity (of design, plan)*

Step 3: Vocabulary Work

The Language of Downtown

Your Task

Study the twenty-two pairs of words below from the field of town and city. Only six of the pairs are genuine equivalents, the remaining being false friends. Find the true friends and then distinguish between the remainder. The correct answers are to be found on page 132.

Allee
alley

Busstation
bus-station

City
city

Delikatessengeschäft
delicatessen

Dom
dome

Fabrik
fabric

Galerie (Kunst-)
gallery

Gully
gully

Gästehaus
guest-house

Kanalisation
canalization

Konkurs
concourse

Markt
market

Passage (Einkaufs-)
passage

Pflaster (Kopfstein-)
plaster

Platz
place

Residenzstadt
town of residence

Rotlichtviertel
red light area

Stadium
stadium

Trafik (Austr.)
traffic

Unternehmen
undertaking

Zebrastreifen
zebra crossing

Warenhaus
warehouse

8 UNIT On the Road

Step 1: The Use of the English Continuous Tense

1 Trial Sentences

The Problem The use of the English continuous tense (*Verlaufsform*) is a problem for the German translator because it has no exact equivalent in German and yet makes a substantial difference to sense and nuance.

Your Task Translate the following sentences into English and then compare your versions with the master answers on page 133. If your answers are all satisfactory, you may choose to omit the next, explanatory stage.

Sentences

1. Wir sind jetzt in einer Situation, wo wieder zusammenwächst, was zusammengehört. WILLY BRANDT
2. 'Was machst du nach Weihnachten? Finanziert dein Alter einen netten Kurzurlaub auf den Malediven? Oder fliegst du nur nach Calgary zum Skifahren?'
3. Was der Mensch sei, sagt ihm nur die Geschichte. WILHELM DILTHEY
4. Als sie frühmorgens bei Glatteis zur Uni radelte, rutschte sie an einer Straßenecke aus und holte sich ein paar blaue Flecken.
5. 'Wo wohnst du zur Zeit? Und wo kommst du her? Ich meine, wo wohnen deine Eltern?'
6. Sie isst unheimlich viel Müsli. Jeden Morgen mischt sie sich eine Schale. Morgens, wenn ihr Müsli dampft, ist sie endlich unverkrampft.
7. Dieser Professor gibt mir eher Kopfschmerzen als Erkenntnis. Er benutzt ständig hochtrabende Fremdwörter.

> “*On the inter-lingual level, translation will pose concentrated, visibly intractable problems; but these same problems abound, at a more covert or conventionally neglected level, intra-lingually.*”

GEORGE STEINER. *After Babel. Aspects of Language and Translation.* Oxford: OUP 1975.

2 Specimen Sentences in English Translation

Sentences

A. Wenn Hanjo und Gabi kochen, schmeckt alles besser. Werden sie auch morgen kochen?
When Hanjo and Gabi cook, everything tastes better. Are they going to cook tomorrow, too? Or: ... *Are they cooking tomorrow* ...

B. Zyniker: ein Mensch, der, wenn er Blumen riecht, nach einem Sarg Ausschau hält. HENRY LOUIS MENCKEN
Cynic: a person who, when he smells flowers, looks out for a coffin.

C. Wer von den beiden spielt generell besser? – Beide spielen genial. Aber zur Zeit spielt der Russe eindeutig stärker. Er scheint unschlagbar.
Which of the two generally plays better? – Both play brilliantly. But at present the Russian is clearly playing better. He seems unbeatable.

D. Die beiden stritten sich andauernd!
The two of them were forever quarrelling!

E. Obwohl er ein Landgut besitzt, das aus mehreren Anwesen besteht, sucht er noch nach rentablen Grundstücken.
Although he owns an estate which consists of many farms and their land, he is still looking for profitable building plots.

F. Während meine Flurnachbarn geschlossen die Seifenoper guckten, übersetzte ich pflichtbewusst den Text.
While my neighbours on our floor were all watching the soap-opera, I dutifully translated the text. Or: ... *I was translating* ...

Guidelines

1. The simple English verb forms – 'they cook', 'they cooked' – refer to an action, activity, habit or condition, without stressing the actual process involved. They are therefore correct in A, B and part of C.
2. The continuous form – 'are cooking', 'were cooking' 'have been cooking' – stresses the process of an action or its unfinished or temporary nature. It is therefore correct in parts of C, E and F.
3. Verbs which describe states or conditions have no continuous form. The most common of these are:

to astonish	to believe	to belong to	to consist of
to contain	to doubt	to know	to owe
to own/possess	to prefer	to remain	to seem

   Hence the last sentence of C and the first part of E.
4. After such adverbs as 'forever', 'continually', 'perpetually' etc., the continuous tense carries a note of annoyance or reproach – as in D.
5. In sentences such as F both forms are possible depending on aspect.
6. The continuous tense can, of course, have a future sense, as in A.

Step 2: Translating the Language of Travel

Translation Text

The Text

The following text, by the Swiss author Hansjörg Schneider, has been chosen because it contains both many cases where the above problem arises and some essential vocabulary from the realm of the road and journeys.

Your Task

Translate the text below in its entirety, paying especial attention to the issue mentioned above, and then compare your version with the master translation on page 133. Note the several vocabulary suggestions beneath the text.

Hansjörg Schneider, „Lob des Velos"

Text

Das Velo ist die sinnvollste Erfindung der letzten 100 Jahre. Es frißt kein Heu. Es glänzt. Du kannst auf ihm durch die Stadt und über Land fahren. Du kannst ziemlich viel Bier trinken und dich auf dem Heimweg am Velo anlehnen. Parkprobleme gibt es keine. Du kannst es überall abstellen. Das Velo macht keinen Lärm und stinkt nicht. Wenn du auf ihm durch die Stadt fährst, kannst du laut pfeifen oder singen. Das macht nicht nur dich fröhlich, das steckt auch die anderen Menschen an.

Die Vietnamesen haben den Krieg gegen die USA dank dem Velo gewonnen. Jeder chinesische Vater fährt Velo.

Ferdi Kübler, der größte Schweizer, war Velorennfahrer.

Hopp Ferdi! Und Ferdi spult geduckt über den Gotthard.

Du kannst auf dem Velo einen Korb Äpfel transportieren oder auch ein Mädchen. Wenn dir jemand im Weg ist, kannst du klingeln.

Die meisten Autofahrer hupen, wenn ihnen jemand im Weg ist. Wenn derjenige, der im Weg ist, nicht aus dem Weg geht, überfahren sie ihn. Ein Auto fährt über Menschen, ein Velo nicht. Ein Auto tötet, lärmt, stinkt, ein Velo nicht. Vom Velo herunter winkst du und rufst „Salü", aus dem Auto heraus machst du die Faust und rufst „Arschloch". Das Auto ist klein aber dein, das Velo ist offen und gehört allen. Das Velo ist wie die Indianer am Aussterben. Man muß ihm helfen.

Am Auto verdient der Hersteller 1000 Franken, am Velo nur fünfzig. Am Auto verdienen die Benzinverkäufer ihr Weekendhaus, ihr Motorboot auf dem See und ihre gewichtige Stimme im Gemeinderat. Am Velo verdienen sie nichts.

Im Auto wird jedermann zum Kleinbürger: Hier komme ich, geh weg! Auf dem Velo wirst du zum freien Menschen. Das Auto hat die letzten vier Wände, die dem Kleinbürger gehören. Die Wohnung gehört nicht ihm, der Arbeitsplatz gehört nicht ihm, der Park, in dem er spaziert, gehört nicht ihm, nichts gehört ihm außer dem Auto. Deshalb verteidigt er seine Blechkiste bis zum Äußersten.

Auf dem Velo bist du ein Nomade. Da du dich frei bewegen kannst, hast du keine vier Wände nötig. (gekürzt)

Suggestions

spulen: *to shoot, to zoom*
geduckt: *crouched over his handlebars*
der Gemeinderat: *local council, district council*

Step 3: Vocabulary Work

The Language of the Road

Your Task

Read the passage below, paying especial attention to the sixteen words underlined, thirteen of which are false friends from the language of the road. Find the three true friends and then find good translations for the false friends remaining. The correct answers are to be found on page 134.

Text

Dem Kolumbus seine „Santa Maria" ist dem Udo sein Oldtimer.

Ihr lacht mich aus, was? Ihr meint, der Vergleich hinkt, wie?

Naja, in einem Punkt gebe ich euch recht: mit dem Vehikel sind allerdings keine fernen Regionen zu entdecken. Das sagt einem bereits Udos Tachometer. Der Schnitt liegt bei etwa elf km die Stunde. Wenn ein Traktor überholt wird, ist es bereits ein Ereignis. Da hatte es weiland Kolumbus besser mit seinen vier Winden.

Und mit seinem Astrolab war er wohl auch besser aufgehoben. Denn wer mit dem Udo eine Fahrt in die alte Oldtimer-Herrlichkeit riskiert, bricht erst recht ins Ungewisse auf. Ja! Denn Blinker hat das Ding nie gehabt, und Steuern ist auch nicht so ganz ohne.

Und euch Öko-Freaks gebe ich noch etwas zu: die Neue Welt der ökologischen Harmonie läutet der Udo auch nicht ein. Dafür sorgt allein sein Benzinverbrauch. Alle vierzig Kilometer muss er tanken! Und stinkig ist die Rappelkiste auch! Was dem Quartz-Wecker die Kuckucksuhr, ist dem Katalysator Udos Oldtimer.

Also, ich seh's schon: Ihr würdet das Ding lieber unter der Plane lassen, gel? Aber trotzdem – trotz alledem – hat Udo nicht so unrecht.

Denn wer mit dem Udo fährt, entdeckt doch noch ein Amerika: Er kommt im neuen Kontinent der Langsamkeit an. Ja! Das normale Auto – so Udo – ist nur ein Mittel der Technik, um möglichst rasch die nächste Reparaturwerkstatt zu erreichen. Beim Udo sieht's vielmehr so aus: hinter dir die wütende Autoschlange, aber vor dir die offene Straße. Beim Udo wird die Stauberatung zur exakten Wissenschaft. Er erziehe uns rasende Zeitgenossen – so seine Formulierung – zur längst verlernten Allmählichkeit zurück. Nur Wandern sei schöner oder – bei ihm trampen!

9 UNIT The Time of Life

Step 1: The Use of Simple Past and Present Perfect

1 Trial Sentences

The Problem

The two English past tenses – simple past 'they translated' and present perfect 'they have translated' – do not correspond to the two German past tenses. To learn the difference in theory is relatively easy, to practice it correctly when translating notoriously difficult.

Your Task

Translate the sentences below and then compare your answers with the master answers on page 135. If your answers are all satisfactory, you may choose to omit the next, explanatory stage.

Sentences

1. Luther erschütterte Deutschland – aber Franz Drake beruhigte es wieder. Er gab uns die Kartoffel. HEINRICH HEINE
2. Ich bin eigentlich nach England gegangen, um deutsch schreiben zu lernen. GEORG CHRISTOPH LICHTENBERG
3. – Hast du *Krieg und Frieden* gelesen?
   – Nein, ich hab's zwar letztes Jahr angefangen, aber ich hab's nicht zu Ende lesen können. Letzte Woche habe ich aber endlich die russische Filmversion gesehen.
4. Noch nie habe ich solche Trottel auf der Alpennordseite gesehen!
5. 'Schlimm, sehr schlimm. In letzter Zeit hatten wir einige böse Überraschungen.'
6. 'Hast du gehört? Unser Mittelstürmer hat sich das Bein gebrochen! Jetzt haben wir keine Chance mehr. Wir werden Tabellenletzter!'
7. – Warst du nie im Englischen Garten?
   – Klar, aber nicht so oft wie in der Alten Pinakothek oder im Lenbachhaus!

> *Es giebt in allen Sprachen gewisse eigenthümliche Redensarten, die man in anderen entweder gar nicht, oder doch allererst durch viele Umschweife geben kann . . . Daher kommts, dass fast alle Originale unter den Federn der Übersetzer etwas verlieren.*

JOHANN CHRISTOPH GOTTSCHED, *Der Biedermann. Eine Auswahl.* Leipzig 1966.

2 Specimen Sentences in English Translation

Sentences

A. Was hat Kolumbus eigentlich von sich entdeckt?
KARLHEINZ DESCHNER
What actually did Columbus discover about himself?

B. Die erfinderischen Viktorianer haben auch viele, noch heute lebendige britische Traditionen erfunden.
The inventive Victorians also invented many British traditions still alive today.

C. 'Es hat geschneit!' rief der Junge, als er frühmorgens zum Fenster hinausschaute.
'It's snowed!' shouted the boy, as he looked out of the window early in the morning.

D. 'Mit wem hast du gerade telefoniert?'
'Whom have you just spoken to on the phone?'

E. Der Gläubige, der nie gezweifelt hat, wird schwerlich einen Zweifler bekehren. MARIE VON EBNER-ESCHENBACH
The believer who has never doubted is unlikely to convert a doubter.

F. Man hat die Größe und Wichtigkeit der alten Probleme respektvoll anerkannt und sich dann mit der Herstellung von Zahnpasta beschäftigt. ALFRED DÖBLIN
They respectfully acknowledged the magnitude and importance of the old problems and then busied themselves with manufacturing tooth-paste. Or: *They have respectfully acknowledged...*

G. Hat sie immer so gehandelt?
Has she always acted like that? Or: *Did she always act like that?*

Guidelines

1. The simple past is used when the action referred to is finished, over, 'dead gone and buried' – as in A and B.
2. The present perfect is used when the action referred to extends into the present or still affects the present – as in the first half of C, in D and in E.
5. Adverbs of time such as 'just' or 'never' suggest that the present perfect is needed – as in D and E.
6. It is essential to recognize that this problem is not just one of tense but of **aspect**. Thus in F the tense chosen depends on whether the old problems are seen as still affecting the present. In G the tense chosen depends on whether or not a completed period of time is referred to.

Step 2: Translating the Language of Time

Translation Text

The Text The text below, a letter written in the mid-1950s by a mother to a daughter and since published anonymously, has been chosen because it contains several examples of past tenses in action and a range of vocabulary from the realm of time and life in time.

Your Task Translate the text below in its entirety, paying especial attention to the issue mentioned above, and then compare your version with the master translation on page 135.

Frau B. S., Brief an ihre Pflegetochter

Koblenz, 6. Juli 1956

Text

Liebe Dorothea!
Heute ist nun Dein 14. Geburtstag. Du wirst Dich wundern, einen Brief von mir neben Deiner Geburtstagstorte zu finden.
Setze Dich ruhig hin, es ist viel, was ich Dir sagen muß.
Du lebst bei Deinem Vati und Mutti, und Du hast eine schöne Kindheit in Geborgenheit und Harmonie bei uns gehabt. Aber, Du unser liebes Kind gehörtest uns nicht von Anfang an, nicht ich habe Dich geboren, sondern eine andere Frau. – Ich weiß, wie schrecklich diese Nachricht für Dich ist. –
Nun werde ich Dir der Reihe nach über Dein Schicksal berichten. 1942 wurdest Du in Königsberg geboren. 1943 fiel Dein Vater bei Stalingrad. 1944 trat Deine Mutter mit Dir die Flucht in den Westen an. Auf einem kleinen Bahnhof dann wurdest Du von ihr getrennt. Deine Mutter wollte mit Dir in den Wagen eines Flüchtlingszuges einsteigen, als sie Dich hineinreichte, fuhr der Zug an, und sie wurde zurückgestoßen. Ich, die ich mich ebenfalls in dem Zug befand, nahm mich Deiner an. Nie werde ich das verzweifelte Rufen Deiner Mutter nach Dir vergessen! Als ich mich mit meinem Mann in Westdeutschland ansiedelte, forschten wir vergeblich nach Deiner Mutter, ja man sagte uns sogar, sie sei noch auf der Flucht gestorben. So entschlossen wir uns, Dich als unser Kind anzusehen und großzuziehen. Ich hatte es beinahe vergessen, daß nicht ich Dich gebar, wir lieben Dich wie unser Kind. Und wir wissen es, wie froh und glücklich Du bei und mit uns all die Jahre warst, 12 Jahre lang.
Nun haben wir erfahren, daß Deine Mutter lebt. Auch sie versuchte, ihr Kind wiederzufinden und gelangte tatsächlich auf den Weg zu uns. Vorgestern stand sie vor unserer Tür. Nun möchte sie Dich zurück haben. Wir verstehen Deine Mutter gut, sie hat viel gelitten.

Du verstehst, wie uns zumute ist. Ich hätte Dir dies alles nicht sagen können und deshalb schrieb ich Dir.
Mein liebes, liebes Mädchen, Du mußt jetzt sehr tapfer sein, denn wir wissen nicht, wie alles werden wird.

Deine Mutti

Step 3: Vocabulary Work

1 The Language of Time and History

Your Task

Read the passage below, paying especial attention to the twenty-two words underlined, sixteen of which are false friends from the field of time present, time past and time-keeping. Then consider the statements beneath.

Text

- Hallo, Jojo! Na?! Jojo, übermorgen ist Altstadtfest. Wir treffen uns um <u>halb acht</u> am Dom. Kommste mit?
- <u>Eventuell</u>. Mal sehen. <u>Momentan</u> zögere ich noch. Lieber eine ordentliche Ruhepause als eine pausenlose Unruhe, oder?
- Ach, Ruhe ist der erste Bürgerfluch, Mensch.
- Im Gegenteil: Jedes Herz ist eine <u>Zeitbombe</u>. Wer Schülern die Zeit stiehlt, ist auch ein Leichenbestatter.
- Schlaffi! Denk' doch daran, was Frau Steinecke gestern in Gk sagte: „Wenn wir leben, ohne <u>altern</u> zu wollen, stellen wir später fest, dass wir gealtert sind, ohne gelebt zu haben."
- Ein schlauer Spruch! Aber Fest ist nicht gleich Leben, Uschi. Und in Deutschland erst recht nicht. Wir feiern das Vorgestern, um das Gestern zu vergessen und haben heute so viele <u>Termine</u>, dass wir vor lauter Heute an Morgen nicht denken können. Bei uns wird das <u>Jubiläum</u> zum Normalfall, das Fest zum Alltag und folglich die freie Zeit zur bloßen <u>Freizeit</u>.
- So ein Fest ist nichts <u>Alltägliches</u>! „Eine <u>mittelalterliche</u> Stadt mit der ganzen <u>Patina</u> der Jahrhunderte. Alte Trachten, Antiquitätenmarkt ..."
- Hör auf mit dem Werbespot! Gegen <u>Nostalgie</u> habe ich eine Allergie.
- Und soll auch diese Allergie ausschlaggebend sein? So ein Fest bedeutet Tradition, <u>Kontinuität</u>, Roots. Denk doch daran, was Herr Mohr in Geschichte gesagt hat: „Das <u>Mittelalter</u> hat nichts an <u>Aktualität</u> eingebüßt."
- Der Mann ist selber eine <u>Antiquität</u>. Zeig' mir seinen <u>Grabstein</u>, und ich sag dir, wer er war. Wir sind die Schüler von heute, die von Lehrern von gestern in Schulen von ...
- Hör auf, deine Sprüche zu kloppen! „Essen und Trinken wie im Mittelalter"! Ist das nichts?

– Weit davon entfernt, nichts zu sein, ist es höchstwahrscheinlich viel zu viel. Das ist es ja. Keine Fete ohne Später. Am anderen Tag sieht man erst recht alt aus. Lieber eine Partie Schach als schachmatt nach einer Party. Stell' dir vor, es gibt Freibier, und keiner geht hin.
– Ach, Mensch, hör endlich auf! Ich will doch mit dir gehen. Komm' doch.
– Naja. Das ist vielleicht ein überzeugenderes Argument. Du bist mir viel aktueller als das Mittelalter. Okay. Aber: Geile mit Weile, ja?

Statements

In the light of the above passage, which of the following statements are definitely true? The correct answers are to be found on page 137.

1. Jojo says he will come eventually.
2. Uschi is more actual for him than the past.
3. They are to meet at half past eight.
4. Uschi is inviting Jojo to a feast.
5. She says it is not an all-day affair.
6. For her it means continuity.
7. Herr Mohr is antiquity personified.
8. Frau Steinecke does not believe in living without wanting to alter.
9. The old town in question is middle-aged.
10. Jojo is allergic to nostalgia.
11. It is better to be at a chess party than to let a party leave you check-mate.
12. Almost every day is a jubilee in modern Germany.
13. The old town has the patina of the centuries.
14. Today, people have too many terms.
15. Jojo hesitates momentarily.
16. Leisure time is becoming mere freetime.
17. Middle age is in.
18. Every fête has its after-effects . . .
19. . . . as clearly seen the other day.
20. Herr Mohr's grave-stone will tell us who he was.
21. Every heart is a time-bomb.
22. The event has not lost any of its actuality.

2 The Language of Human Life in Time

Your Task

Study the twenty-four pairs of apparently similar idioms opposite, each of which has something to do with human life in time. Of the pairs, however, only seven are genuine equivalents, all the remainder being false friends. Find the true friends and then distinguish between the false. The correct answers are to be found on page 137.

jdm. ein Bein stellen
to give s.o. a leg-up

über den Berg sein
to be over the hill

auf den Busch klopfen
to beat about the bush

der rote Faden
the red tape

sich die Finger verbrennen
to get one's fingers burned

sich auf französisch empfehlen
to take French leave

auf tönernen Füßen stehen
to have feet of clay

ins Gras beißen
to bite the carpet

der Groschen ist gefallen
the penny has dropped

der Hahn im Korb sein
to be the cock of the walk

vor die Hunde gehen
to go to the dogs

Konsequenzen ziehen
to take the consequences

eine Lanze brechen für jdn.
to break a lance with s.o.

an der Nase herumführen
to lead by the nose

ich pfeif dir was
put that in your pipe and smoke it

zu Potte kommen
to go to pot

am Rande sein
to be on edge

ins Schlepptau nehmen
to take in tow

eine Schraube locker haben
to have a screw loose

auf hoher See sein
to be (all) at sea

der Strohmann
the man of straw

der letzte Strohhalm
the last straw

aufs Tapet bringen
to carpet

hart am Wind segeln
to sail close to the wind

10 UNIT The Language of University Life

Step 1: Translating Constructions with *'seit'/'seitdem'*

1 Trial Sentences

The Problem

Expressions containing *'seit', 'seitdem'* or their equivalents are a notorious pitfall for the German translator. The English structures here deviate clearly from the German and from other European languages.

Your Task

Translate the sentences below and then compare your answers with the master versions on page 138. If your answers are all satisfactory, you may choose to omit the next, explanatory stage.

Sentences

1. Seit Jahren beliefern ihn die Waffenhändler.
2. Der erste Schuss könnte das größte Blutbad seit Ende des Zweiten Weltkriegs auslösen.
3. – Seit wann bist du militanter Nichtraucher?
   – Nichtraucher bin ich seit Jahren. Militant, seit ich dich kenne. Du paffst wie ein Schlot!
4. Seit Jahrhunderten stand die Burgruine auf dem Bergfirst. Seit Jahrzehnten lockte sie die Touristen ins Land.
5. Warum kann ich, seit je, manchen Leuten nicht ins Gesicht sehen? – Weil ich seit je weiß, dass sie nicht wohlwollend sind. PETER HANDKE
6. Er ist bereits drei Wochen weg, und immer noch kein Brief!
7. Endlich! Ich warte schon seit einer Dreiviertelstunde!

> *A history of translating must of necessity become a history of mankind in the widest sense and, in the narrower sense, of the interaction between peoples of different languages via the written word.*

IAN FINLAY, *Translating.* Edinburgh: English Universities Press 1971.

2 Specimen Sentences in English Translation

Sentences

A. 'Seit wann bist du Frühaufsteherin?'
'Since when have you been an early-riser?'

B. Seit Jahren verbrachten meine Eltern ihren Urlaub mit monotoner Regelmäßigkeit in Stumpfhausen. Schon lange war ich es leid.
For years my parents had, with monotonous regularity, spent their holidays in Stumpfhausen. I had been sick of it for ages.

C. Seitdem ich Vegetarier bin, lebe ich viel gesünder.
Since I became a vegetarian, I have lived a much healthier life.

D. Als die Technik noch eine Seele besaß, hieß sie Kunst. Seit die Kunst keine Seele mehr hat, ist sie Technik. HANS LOHBERGER
When technology still had a soul, it was called art. Since art ceased to have a soul, it has been technology.

E. „Ich las das Buch vor drei Jahren. Seitdem bin ich ein anderer Mensch." – Wie selten hört man noch dergleichen!
ERNST MANDELBAUM
"I read the book three years ago. Ever since, I have been a changed person." – How rarely one hears such remarks today!

F. „Das weiß ich seit je." – „Es genügt nicht, es zu wissen, du musst es wiederholen." PETER HANDKE
'I have known that for as long as I can remember.' – 'It is not sufficient to know it: you must repeat it.'

Guidelines

1. There are two English translations for *'seit'* – 'since' and 'for'.
2. 'Since' is used when *'seit'* refers to the beginning of an action, i.e. to a point in time. Thus *'seit 1997'* is 'since 1997'; *'seit der Wiedervereinigung'* is 'since Re-unification', *'seit seiner Jugend'* is 'since his youth' – as in A.
3. 'For' is used when *'seit'* refers to a period of time, however short. Thus *'seit einer Stunde'* is 'for an hour', *'seit urlanger Zeit'* is 'for donkey's years', *'seit eh und je'* is 'for time immemorial' – as in B.
4. In addition, there is a back-shift in the tense of the English verb.
German present → English present perfect; German past → English pluperfect – as in all the above sentences.
5. These rules hold also with such markers as *'bereits'*, *'schon lange'* – as in the second half of B.
6. When 'seit/*seitdem*' is used as a subordinating conjunction, both following verbs may become past tense – as in C and D.
7. The adverb *'seitdem'* is 'since (then)' or 'ever since' – as in E.
8. The Austrian *'seit je'* is 'ever since I can remember' – as in F.

Step 2: Translating the Language of Student Life

Translation Text

The Text

The text below, a newspaper article concerning the student winter of discontent in late 1997, has been chosen since it contains both examples of the above issue and much relevant vocabulary from the language of university and student life.

Your Task

Translate the text below in its entirety, paying especial attention to the rendering of *'seit'*, and then compare your version with the master translation on page 139.

Martina Keller, „Alles ist ganz schlimm"

Text

Die Erstsemester haben an der Gießener Universität, wo es schon seit längerem brodelt, den größten Protest seit neun Jahren ausgelöst. In Lehramtsstudiengängen platzen die Seminare aus allen Nähten, viele Bibliotheken haben allenfalls antiquarischen Wert, selbst für Zeitschriften fehlt häufig das Geld. Naturwissenschaftliches Gerät ist von vorgestern, einige Gebäude sind so marode, daß es durchs Dach regnet.

Jetzt haben die Studenten siebzehn von zwanzig Fachbereichen besetzt und die Gebäude verrammelt. Kommilitonen von anderen Unis tun es ihnen nach. In Frankfurt und Marburg erklärten die Studenten den Aufstand, und auch mehrere Fachhochschulen schlossen sich an. Zu einer landesweiten Demonstration in Wiesbaden am Mittwoch der vergangenen Woche kamen zehntausend.

Die meisten Dozenten sind geradezu dankbar für den Streik, allen voran der Universitätspräsident. Er mußte allein in diesem Jahr beim Personal mehr als sieben Millionen Mark sparen. „Endlich passiert was, es war höchste Zeit für den Protest."

Ein Anglistikprofessor fühlt sich durch den Streik an seine eigene Studentenzeit erinnert. Der Alt-68er würde die Dinge wohl am liebsten selbst in die Hand nehmen. Jedenfalls widerspricht er energisch, als eine 22jährige Anglistin am Rande einer Vollversammlung für Proteste ohne Veranstaltungsboykott plädiert. „Die Seminarblockade ist wichtig, um dem Streik Durchschlagskraft zu geben." Der Professor, der seinerzeit „auf der Straße gesessen" und „an ein anderes Land" geglaubt hat, ist begeistert, „daß zum ersten Mal seit vielen Jahren etwas konsequent durchgeführt wird."

Der Kanzler der Universität hofft, daß der Protest Wirkung zeigen wird. In den Landtagen und Regierungen müsse eine grundsätzliche Diskussion darüber beginnen, „ob wir es uns leisten können, die Köpfe der jungen Generation dermaßen zu vernachlässigen."

Suggestions

aus allen Nähten platzen: *to burst/be bursting at the seams*
von vorgestern: *out-dated, antediluvian*
die Dinge in die Hand nehmen: *to take the initiative*

Step 3: Vocabulary Work

1 The Language of a Student's Progress

Your Task

Study the *curriculum vitae* below, which contains many of the false friends from the field of school and university life, and then fill in the gaps in the commentary opposite, selecting your answers from the vocabulary options listed beneath. The correct answers are to be found on page 140.

Text

CURRICULUM VITAE: Dr. Siegfried Streb

1939	geb. am 29. Februar in Niederkleinmoor (Westfalen)
1945–49	Besuch der Grundschule in Kaffdorf
1949–59	Besuch des Annette von Droste-Hülshoff-Gymnasiums, Dumpfburg
1959	Abitur (Gesamtnote: 1,1)
1960	*Ganz prima in der Prima. Aufzeichnungen eines deutschen Jünglings* (Verlag Ernst Brav, Dumpfburg)
1960–66	Studium der Fächer Englische Philologie, Sport und Religion für das Lehramt am Gymnasium an der Westfälischen Droste-Hülshoff-Universität, Vennstadt sowie an der Philosophisch-Theologischen Hochschule, Engelthal
1961–65	Jugendvorsitzender des Verbandes Westfälischer Studierender und Akademiker
1966	Abschluß der akademischen Laufbahn: Prädikatsexamen
1967–68	Referendar am Annette von Droste-Hülshoff-Gymnasium, Dumfburg
1968	Zweites Staatsexamen (Prädikat)
1969	Aufnahme der Lehrtätigkeit
1970	Mitgründer des Westfälischen Pädagogenverbandes
1971–	Herausgeber der Zeitschrift *Wir Gymnasiallehrer in Westfalen*
1973	Promotion zum Dr. phil. am Anglistischen Seminar der Westfälischen Droste-Hülshoff-Universität, Vennstadt, mit der Arbeit *Sprungbrett oder Sumpfbett? Ein kritischer Beitrag zum Englischunterricht in der 6. Klasse* (Bims Verlag, Vennstadt)
1980	Beförderung zum Studiendirektor
1982	Direktor des Städtischen Hülshoff-Gymnasiums, Vennstadt

Commentary

Dr Siegfried Streb is one of the leading educationalists in Westphalia, a locally-born man of quite exemplary energy and achievement. After humble beginnings in Niederkleinmoor and following primary education in nearby Kaffdorf, he attended the Dumfburg ______ between 1949 and 1959, passing his school-leaving exam with flying colours and the overall ______ of 1,1. In 1960, he began his ______ at the ______ of Vennstadt and Engelthal, which he ______ with ______ in 1966.

Thereafter, as he bestrode the ladder of a teaching career, his steps upward were sure and swift. In 1967, he returned to his treasured Dumpfburg as ______ and in 1969 took up full-time teaching, receiving well-deserved and by no means premature ______ to the status of ______ in 1980 and becoming – with apparent inevitability – ______ in Vennstadt in 1982.
Dr. Streb, who revealed his organizational ability at an early age when acting as youth chairman of the Association of Westphalian Students and ______ between 1961 and 1965, was also co-founder of the Association of Westphalian ______ in 1970.
In his capacity as an educationalist, Dr Streb has since 1971 edited uninterruptedly a periodical for Westphalian ______. His best-known contribution to educational theory, however, is his thesis on teaching English in the ______ . For this, he received his ______ from the English ______ of the University of Vennstadt in 1973.
The promise shown by Streb's youthful autobiography on life in the ______ (reviewed on these pages some thirty years ago) has thus been amply fulfilled. Few sons of Niederkleinmoor can have achieved so much so soon.

Niederkleinmoor Gazette

Options

absolve	grade/mark	pedagogue	studies
academic (adj.)	grammar school	predicate	study
academic (n.)	grammar school	prime	teachers
conclude	teacher	promotion	trainee teacher
department	gymnasium	reverend	universities
director	gym teacher	second year	university
director of studies	headmaster	seminary	university
distinction	high school(s)	senior master	graduate
doctorate	note	Sixth Form	

2 Student Living Conditions

Your Task

Fill in the gaps in the letter overleaf, choosing the appropriate word from the options listed beneath. Of the words in brackets, only four have 'true friends' in English. The correct answers are to be found on page 141.

Dear Pete,

Do you remember the dream I told you about the other day? The one where I suddenly had a (Zauberstab) _____ and – hey presto – I could create the room of my choice? And you remember that in one corner my chosen room had a (Ofen) _____, for warmth. And in another corner there was a beautiful (Kanapee) _____ with a (Fußschemel) _____, for (Behaglichkeit) _____. And two of the walls were (geschmückt) _____ with a (Wandteppich) _____, for colour. And then you came in, dressed as a butler, gracefully carrying a silver (Kanne) _____ full of aromatic coffee on a silver (Tablett) _____. And I asked you to draw back the (Stores) _____ so that the late autumn sun could come flooding in. Remember?

Well, Pete, you were right. My new student room is not a bit like that. Not one little bit. Warmth?! Beauty?! Comfort?!

Actually, the communal kitchen does have all modern (Komfort) _____, as they say. There's a decent (Herd) _____; and someone's left a (Mixer) _____. So we'll have some relief from the (Mensa) _____. And down in the basement there are several (Waschmaschinen) _____.

But my room, my own, my very own little room! You can't imagine the (Tapete) _____! I've never in my life seen such a (penetrant) _____ pattern. It'll have to be (bedeckt) _____ as much as possible with posters – whatever the (Hausmeister) _____ says!

And there's no arm-chair, just two ordinary (Stühle) _____ and a bed which serves as a (Couch) _____ during the day. And of course there's no cupboard to put all those (Dosen) _____ my dear mother said I simply must have ...

But worst of all are the (Wände) _____. They're (papierdünn) _____. So it can be really (laut) _____.

Look, Pete, you must come and play the butler as soon as possible. But forget all that silvery stuff – just bring plenty of posters and two things I've forgotten: my (Stövchen) _____ and my (Fön) _____.

Till then, it's back to dreaming!

Love,

Susi

Options

bedecked
can(s)
canopy
caretaker
chair(s)
comfort
conveniences
couch
covered
lace) curtains
dose(s)
föhn
hair-dryer
housemaster
loud
Mensa
mixer
noisy
oven
paper-thin
penetrating
pot
refectory
sofa
stool(s)
store(s)
stove
tablet
tapestry
tin(s)
tray
wall(s)
wall-paper
wand
washer
washing machine

Revision II

Step 1: Revision Sentences

The Material

The following sixteen sentences allow you to test the knowledge and skills acquired in the foregoing five units. Each sentence contains one or more of the basic but essential points analysed and practised there.

Your Task

Translate the sentences below and then compare your answers with the master answers on page 141. If you find any grave weaknesses in your versions, return to the Unit(s) concerned for a second look.

Sentences

1. Als der Zug in Philippenthal einlief, fiel ein unruhiger Regen.
2. Natürlich muss man lesen, was man nicht begreift, um zu begreifen, was man lesen kann. MARTIN WALSER
3. Der Spießer zu seiner Gattin: „Hat Picasso tatsächlich dieses Bild gemalt? Ich habe selber bessere Bilder produziert."
4. Seit langen Jahren stand die Villa leer.
5. In Glasgow besichtigten wir das Museum für Moderne Kunst, die City Chambers am George Square, die Glasgower School of Art hinter der Sauchiehall Street und natürlich die hoch über dem Kelvingrove Park emporragende Universität.
6. Während man Musik hört, hat man oft die besten Ideen – oder so sagt man jedenfalls.
7. ‚Seit wann geht es dir schlecht?' – ‚Schon länger. Seit zwei Stunden. Wenn ich es mir recht überlege: Seit der Mensa.'
8. Deutschland hat immerhin einen Weltkrieg gebraucht, um zu so scheußlichen Städten wie Frankfurt zu kommen. Die Schweizer haben es mitten im Frieden geschafft. URS WIDMER
9. Ich weiß, man muss einen Preis für die Freiheit zahlen; aber ich kann nicht sagen, dass ich ihn gerne zahle. HANNAH ARENDT
10. Was hat die jetzige Regierung zur Überwindung des Reformstaus getan?
11. Wenn ich Wein trinke, verstehe ich frühe Jahrhunderte. ROBERT WALSER
12. Großbritannien, ein einstiges Empire, ist eine Insel vor der europäischen Küste geworden. HUGO LOETSCHER
13. Die deutsche Romantik hat die Welt mit einer Lösung beschenkt, an deren Folgen wir noch leiden. GEORG LUKÁCS
14. ‚Seit wann bist du da?' – ‚Ich bin gerade eben hereingekommen.'
15. Weise und urteilsfähige Menschen waren seit vielen Jahrhunderten stumm, und ihre Namen sind vergessen. Trunkenbolde aber hinterlassen seit jeher ein unüberhörbares Echo. HAN SUYIN

Step 2: Revision Translation Text

The Text

The text below, a complete chapter-episode from an episodic novel of the journalist and prose author Sibylle Berg, has been chosen since it allows revision of several key structures found in the foregoing five units.

Your Task

Translate the text in its entirety and then compare your version with the master translation on page 142. If you find any grave weaknesses in your version, return to the Unit(s) concerned for a second look.

Sibylle Berg, „TOM sitzt auf der Piazza"

Text

Wenn so Leben ist, soll es nie aufhören. Die Sonne. Ein kleiner Hafen. Portofino. In dem Hotelzimmer liegt Nora. Es ist ganz früh. Wir haben die ganze Nacht nicht schlafen können. So aufgeregt waren wir. Wegen der Liebe. Es ist Liebe. Bei mir ist es viel klarer und stärker geworden, seit sie weggelaufen ist und ich sie wiederfand. Als ich so rumgefahren bin, um sie zu suchen, ist mir klar geworden, wie sehr ich sie liebe. Obwohl sie so jung ist und so schwierig. Ich weiß bis jetzt nicht, warum sie weggelaufen ist. Ist auch egal. Ich liebe Nora. Sie ist so jung und so sauber irgendwie. Nicht wie die Frauen, mit denen ich sonst zusammen war. Die mich immer haben ganz klein werden lassen. Ich liebe Nora, weil sie so anders ist als diese Frauen, weil ich sie beschützen darf. Ich liebe, ich liebe. Ist das nicht schön, so was zu sagen. Ist es nicht das Allerschönste? Ist nicht alles andere Dreck dagegen?

Und jetzt sitze ich in der Sonne. Trinke Kaffee und sehe den Hafen an. Die Berge. Ein paar Boote liegen im Hafen. Und da oben liegt sie. Ich weiß nicht, was man macht, mit soviel Glück in sich. Es ist auch so stark, weil ich jetzt alleine bin. Und eben doch nicht. Wäre Nora jetzt hier, müßte ich sie anfassen. Unentwegt. Um zu spüren, daß sie wirklich ist. Das wär toll. Aber dann wäre ich nicht so bei mir. Ich trinke den Kaffee. Die Sonne wird kräftiger, und die Gänsehaut auf meinen nackten Beinen geht weg. Die Haut wird ganz warm, und im Kopf bin ich ein wenig müde. Ich trinke Kaffee. Und könnte platzen vor Glück. Zack-platz-Gedärme raus auf den Platz. Der ist mit Steinen ausgelegt, und da liegen die DÄRME dann rum. Da machen Läden auf, und Leute gehen einkaufen. Ich will hier nicht mehr weg. Nie nicht weg. Das soll jetzt so bleiben. Nora soll auch bleiben. Sie ist die Frau, mit der ich Weihnachten vor Schaufenster gehen kann. Um die Eisenbahn anzusehen. Sie wird mich festhalten und meine Tränen weglecken.

11

UNIT

The World of Employment

Step 1: Translating German 'Flavour Particles'

1 Trial Sentences

The Problem

German 'flavour particles' (*Abtönungspartikeln*) – such words as *'doch', 'schon', 'ja', 'halt'* – are a twofold problem for the translator. Firstly, the words themselves have several nuances of meaning, which are not always easy to determine. Secondly, these nuances often have no exact equivalent in English.

Your Task

Translate the following sentences into English and then compare your versions with the master answers on page 143. If your answers are all satisfactory, you may choose to omit the next, explanatory stage.

Sentences

1. Schon das verwahrloste Erscheinungsbild der Fähre stimmte misstrauisch.
2. Du hattest doch recht! Man lernt ja nie aus!
3. Welch eine Ironie des Schicksals! Das Leben ist doch manchmal grausam.
4. Sie war fröhlich, ja ausgelassen.
5. Ich würde meine Fehler ja zugeben, wenn ich welche hätte. SPONTI-SPRUCH
6. Sei ja vorsichtig! Erzähl das ja nicht deiner Oma! Du weißt ja, wie sie manchmal ist!
7. Hat er keine anständige Hausarbeit geliefert? – Schon, aber ...
8. Ich kann es ja versuchen, aber ich bezweifle sehr, ob es klappen wird. – Ach, es wird schon schiefgehen!

> “*To translate is, as Dr Johnson defined it, 'to change into another language, retaining the sense'. It would perhaps be wiser to qualify this definition, and suggest that to translate is to change into another language, retaining as much of the sense as one can.*”

A. H. SMITH, *Aspects of Translation.* London: Secker and Warburg 1958.

2 Specimen Sentences in English Translation

Sentences

A. Schon beim Namen des Straßenräubers packte die Reisenden das kalte Grausen.
The very name of the highwayman set the travellers shivering in fright. Or: *The mere name ...*

B. Schon Ende des 17. Jahrhunderts bildeten sich in England die ersten politischen Parteien heraus.
The first political parties in England were formed as early as the end of the seventeenth century.

C. Wir warten noch ein bisschen länger. Sie wird schon kommen.
We'll wait a bit longer. She'll surely come.

D. Willst du ausgehen? – Nein, es gießt ja wie aus Kübeln.
Do you want to go out. – No, after all, it's pouring with rain.

E. Mein Tirami su ist doch lecker, oder?
My tirami su really tastes good, doesn't it?

F. Ich hab es doch gesehen! Mit eigenen Augen!
But I saw it! With my own eyes!

Guidelines

Flavour particles tend to be lacking in English. In some cases the best translation of them is no translation at all but just elegant omission. One must at times have the courage to simply opt out and leave out.
Nevertheless, translations can sometimes be found, as follows:

A. ***Schon***
1 *(einschränkend)* use of 'very/mere'
2 *(zeitlich)* as early as
3 *(einräumend)* Yes, but .../Well, yes
4 *(Gewissheit ausdrückend)* surely; to be sure to, to be bound to

B. ***Ja***
1 *(Ursache nennend)* after all
2 *(warnend)* the 'do' form
3 *(bekräftigend)* indeed
4 *(einräumend)* I suppose

C. ***Doch***
1 *(betonend)* after all, but
2 *(korrigierend)* after all
3 *(Ungewissheit zum Ausdruck bringend)* really + 'doesn't it?' form
4 *(resümierend)* really

Step 2: Translating the Language of Employment

Translation Text

The Text

The text below, extracts from the diary of an unemployed eighteen-year-old, has been chosen both because its colloquial style includes several 'flavour particles' and because it contains a good deal of relevant vocabulary from the field of jobs, training and employment.

Your Task

Translate the text below in its entirety, paying especial attention to the issues mentioned above, and then compare your version with the master translation on page 143.

Regina Urban, „Rosige Aussichten"

Text

12. Juni Heute war mein Geburtstag. Ich habe viele Geschenke bekommen. Ich glaube, die wollen alle, daß ich ausziehe. Ich bin doch aber erst 18 Jahre geworden! Die glauben wohl, daß ich ausziehen will, sobald ich meine Lehre beendet habe. Will ich aber gar nicht! Oder vielleicht doch? Naja! Alleine wohnen? Nach Hause kommen, wann ich will, mitbringen, wen ich will, essen, was ich will. Dann brauche ich auch nicht mehr das Gelabere von meinen Eltern hören. Hat was für sich. Ich werde es mir überlegen.

23. Juni Heute habe ich in der Firma Abschied gefeiert; war eigentlich ganz toll. Ich habe schon eine Menge Bewerbungen geschrieben, aber noch keine Zusage erhalten. Das ist so furchtbar, wenn man eine Absage bekommt. Alle stehen um mich herum und erwarten, daß es geklappt hat. Wenn wieder nichts passiert ist und ich eine Absage erhalten habe, bemitleiden sie mich. „Mach dir mal nichts draus! Der nächste Brief ist bestimmt eine Zusage." Oder: „Es wird schon werden, du hast ja auch noch deine Eltern, die helfen dir ja noch."

Ich habe heute ein Gespräch zwischen Mutti und Vati belauscht. Sie wollen mein Zimmer zu einem Esszimmer umbauen und stellen schon genaue Pläne auf, welche Tapeten und Möbel sie dafür brauchen. Sie rechnen damit, daß ich schon bald ausziehen will. Die wollen bestimmt nur allein sein. Dabei kann ich doch noch gar nicht ausziehen.

15. September Heute habe ich wieder Bewerbungen rausgeschickt. Ich habe geschrieben, wie gerne ich meinen erlernten Beruf ausüben möchte. Ist ja auch wahr! Jetzt habe ich drei Jahre gelernt, um einen Beruf ausüben zu können, in dem ich anderen Menschen helfen kann. Viele Menschen brauchen Hilfe, aber ich kann sie nicht geben.

20. September Heute war ich beim Arbeitsamt. Die wollen mit mir einen Eignungstest machen, welcher Beruf mir liegt und so.

Denen habe ich erst einmal erzählt, daß ich gelernt habe und mir dieser Beruf Spaß macht. Die spinnen wohl! Wozu habe ich denn drei Jahre gelernt? Doch nicht, um wieder was Neues zu lernen! Bescheuert! Dann haben die mir wieder erzählt, daß es keine Stellen gäbe und ich nur eine kleine Unterstützung erhalte. Mutti und Vati sind fast durchgedreht.

Step 3: Vocabulary Work

The Language of Professions

Your Task

The nine word pairs beneath are all false friends from the field of jobs and professions. Work out the differences between the pairs by matching each of the jobs with one of the eighteen fields of activity listed on the right.

A. Chef
B. Chef

C. Dealer
D. Dealer

E. Dekorateur
F. Decorator

G. Kommissionär
H. Commissionaire

I. Kontrolleur
J. Controller

K. Laborant
L. Labourer

M. Physiker
N. Physician

O. Unternehmer
P. Undertaker

Q. Volontär
R. Volunteer

1. burying the dead
2. collecting tickets
3. controlling and checking expenditure
4. dressing shop windows or designing interiors
5. doing manual work, e.g. on farms and roads
6. cooking, and supervising a kitchen
7. financing a firm or project
8. undertaking voluntary activity of any kind, esp. military
9. learning journalism
10. studying matter, energy and their ineraction
11. managing a firm or department
12. trading (in anything from wine to old postage stamps)
13. treating patients
14. working as (trading) agent for a firm
15. welcoming hotel guests
16. working on, and with, laboratory apparatus
17. peddling drugs
18. papering interiors and painting houses

12

UNIT

The World of Industry

Step 1: Translating Conditional Clauses

1 Trial Sentences

Conditional clauses present the translator into English with a dual problem. Firstly, the logic and grammar involved must be mastered. Secondly, the whole variety of possible translations for a given case must be known, so that the best-sounding option can be chosen.

Translate the following sentences into English – giving at least four alternative translations for sentence 7. Then compare your versions with the master answers on page 145. If your answers are all satisfactory, you may choose to omit the next, explanatory stage.

1. Wenn die Würstchen an die Macht kommen, wird der Senf rationiert. WOLFGANG MENGE
2. Wenn der Streik nicht in letzter Minute abgeblasen wird, können wir nicht fahren.
3. Wenn er seine Denkweise ändern würde, wäre er ein erheblich sympathischerer Mensch.
4. Wenn die Wahrheit etwas Erdichtetes wäre, wäre sie dann weniger Wahrheit? ERNST JÜNGER
5. Wenn Sie nur aufgepasst hätten, wäre Ihnen der Fehler nicht unterlaufen.
6. Es hätte vielleicht besser geschmeckt, wenn wir mehr Mascarpone und weniger Mokka-Likör genommen hätten.
7. Wenn es regnen sollte, so würden wir pitschnass werden. [Give four alternative versions for this last sentence.]

> *Übersetzen heißt in einem Minenfeld Gänseblümchen pflücken.*

ERNST MANDELBAUM, *Obolus.* o. O., o. J.

2 Specimen Sentences in Translation

Sentences

I

A. Wenn Moses nicht zum Berg kommt, so muss der Berg zu Moses.
If Mohammed doesn't come to the mountain, the mountain must come to Mohammed.

B. Wenn wir uns verstehen, müssen wir uns falsch ausgedrückt haben. HANS KUDSZUS
If we understand one another we must have expressed ourselves wrong(ly).

II

C. Wenn ich an deiner Stelle wäre, würde ich das Angebot sofort annehmen.
If I were in your position, I would accept the offer immediately.

D. Wenn die Ehegatten nicht beisammen lebten, würden die guten Ehen häufiger sein. FRIEDRICH NIETZSCHE
If the marital partners did not live together, good marriages would be more frequent.

III

E. Wenn ich nicht ständig von meinem Handy gestört worden wäre, so wäre ich mit dieser Arbeit längst fertig.
If I had not been continually interrupted by my mobile phone, I would have been finished with this piece of work long ago.

F. Es wäre allerdings viel schöner gewesen, wenn das Wetter mitgespielt hätte.
It would, admittedly, have been much more pleasant, if the weather had been more favourable.

Guidelines

1. There are essentially three types of conditional clause, exemplified by the three pairs of sentences above.
2. Sentences A and B contain 'open' conditional clauses. The condition expressed in the 'if'-clause is considered by the speaker to be fulfillable. Here the English tenses are as in German.
3. Sentences C and D are 'hypothetical' conditional clauses, which express an hypothesis about the present or future. In such sentences, the 'if'-clause takes the subjunctive and the main clause 'would'.
4. Sentences E and F are 'hypothetical' conditional clauses concerning the past. In such sentences, the 'if'-clause takes the pluperfect and the main clause 'would have' + past participle.
5. It is useful to note that hypothetical conditional clauses have possible alternative forms: *Wenn sie mitfahren würden* could be 'If they came along', but also
   a) 'Should they come along' c) 'Were they to come along'
   b) 'If they should come along' d) 'If they were to come along'

Step 2: Translating the Language of Industry

Translation Text

The Text

The text below, by the Classicist and librarian Erhart Kästner, has been chosen both because it allows practice of the point above and because it contains some of the key vocabulary from the field of industrial production.

Your Task

Translate the text below in its entirety, paying especial attention to the issues mentioned above, and then compare your version with the master translation on page 146. Note the vocabulary suggestions beneath the text.

Erhart Kästner, „Herstellung"

Text

Platon sagt, nur der Hersteller wisse, was ein Ding sei, Homerus, der den Schild des Achilleus besinge, wisse gar nichts. Den Handwerker müsse man fragen, er stecke darinnen im Ding, er sei kundig, kenne sich aus, wisse.

Freilich, zu Zeiten des blühenden Handwerks und Kunstwerks, wie damals und Jahrhunderte zuvor und danach, stimmt die Aussage. Aber stimmt sie heute noch? In unserem Jahrhundert der abhanden kommenden Dinge, der Massengüterproduktion? Ist es noch wirklich der Hersteller, der allein weiß, was das Ding sei? Der darinnen stecke? Der den Bezug knüpfe zwischen dem Ding und dem, der es braucht, liebt oder haßt, mit ihm leben muß?

Wenn Platon recht hätte, woher dann die Fremde zwischen den Herstellern, ihren Produkten und uns, den Ge- und Verbrauchern? Gemeint ist die Herstellung in Massen, in Serie, vermittels Fließbändern, die industrielle Herstellung, die das Band zwischen Macher und Ding zerreißen ließ. Industrie, eine der auffälligen Wortlügen, mit denen wir uns die Klarsicht verbauen, da Industrie der Fleiß heißt und mit Gewerbefleiß ausgedrückt wäre. Daß das nicht stimmt, und es gerade nicht der handwerkliche Fleiß ist, der das Massenfabrikat mit dem Fabrikarbeiter verbindet, weiß jeder. Freilich, die Einsicht, daß Herstellung in diesem ungeheuerlichen Ausmaß es sei, die uns die Vertrautheit mit den Dingen gekostet hat, bedeutet auch, zu erkennen, daß ein Rückweg versperrt ist. Denn zu meinen, man müsse nur die Wirtschafts- und Gesellschaftsform wechseln und alles sei wiederhergestellt wie in alter Zeit, das ist eine Träumerei ohnegleichen. Der Rückzug der Dinge, ihr Verstummen, ihre Verweigerung, ihre Erstarrung: das ist der Preis unserer Herstellung.

Suggestions

blühend: *flourishing, thriving* die Fremde: *the estrangement*

Step 3: Vocabulary Work

1 The Language of Industry

Your Task

Distinguish between the following pairs of ill-translated sentences, each of which contains one or more pairs of false friends from the field of business and industry. The correct answers are to be found on page 147.

1. Wir begrüßen die neue Konkurrenz in der Branche.
   * We welcome the new concurrence in the branch.
2. Die Arbeitsplätze sind nicht rentabel.
   * The work-places are not rentable.
3. Bei dieser Konjunktur gehen viele Firmen einer Pleite entgegen.
   * At this conjucture many firms are facing a plight.
4. Dem Unternehmen droht der Konkurs.
   * The concourse is a threat to the undertaking.
5. Die neue Technik begünstigte die Fusion.
   * The new technique favoured the fusion.

2 The Language of Money and Finance

Your Task

Fill in the gaps in the sentences below, choosing the appropriate word from the list beneath. Of the words involved, almost all are false friends from the field of money and finance.

1. She receives her (Rente) ______ quarterly by (Scheck) ______.
2. 'If you pay in (Raten) ______, madam, there is no (Rabatt) ______.'
3. She used to receive a (Stipendium) ______, but now it has been cut.
4. They were poor, but always found money to (spenden) ______.
5. I'm completely (blank) ______ again. I must (pumpen) ______.
6. Who will (profitieren) ______ most by the deal?
7. She received a (Provision) ______ of 10% on all she sold.
8. 'Study the firm's (Aktiva und Passiva) ______ before acting.'
9. 'My first hat-trick! Lads, I'll (spendieren) ______ the next round.'
10. As a Dorset farmhand he received only a low (Lohn) ______.

Options

actives – assets – borrow – broke – cadge – check – commission – discount – give to charity – grant – instalment(s) – liabilities – passives – pension – profit – profiteer – provision – rate(s) – rebate rent – spend – stand – stipend – wages

13

UNIT

The World of Politics

Step 1: The Translation of *'dass'*-Clauses

1 Trial Sentences

The Problem

The *'dass'*-clause is a frequent German construction, which does not, however, always have a word-for-word equivalent in English. It is important to be familiar with the several varieties of such clauses and with their solutions in translation

Your Task

Translate the sentences below and then compare your answers with the master versions on page 148. If your answers are all satisfactory, you may choose to omit the next, explanatory stage.

Sentences

1. Dass die deutsche Hochschulpolitik kritisch unter die Lupe genommen wird, ist eine erfreuliche Entwicklung.
2. Was ist Reue? Eine große Trauer darüber, dass wir sind, wie wir sind. MARIE VON EBNER-ESCHENBACH
3. Die gute Unterhaltung besteht nicht darin, dass man selbst etwas Gescheites sagt, sondern, dass man etwas Dummes anhören kann. WILHELM BUSCH
4. Es lässt sich nicht mehr verbergen, dass es, seit es Meinungsumfragen gibt, noch keinen so häufig als 'inkompetent' bezeichneten Minister gegeben hat.
5. Ich möchte nicht, dass er ständig bei mir vorbeischaut! Wie kann ich nur verhindern, dass er mir auf den Geist geht?
6. Mein stärkstes Kapital ist, dass die Leute von mir, ohne hinzugucken, einen Gebrauchtwagen kaufen. HELMUT KOHL
7. Um wahrhaft nützlich zu sein, ist es unerlässlich, dass man wahrhaft unabhängig ist. JOHANN HEINRICH PESTALOZZI

> *By wire and wireless, in a score of bad translations,*
> *They give their simple message to the world of man.*

W. H. AUDEN, *Journey to War* (1939).

2 Specimen Sentences in English Translation

Sentences

A. Dass die deutsche Bildungspolitik in Bewegung kommt, ist eine willkommene Nachricht.
(The fact) that German educational policy is on the move is a welcome piece of news.

B. Die Literatur krankt oft daran, dass sie mehr Wille als Vorstellung ist. KARLHEINZ DESCHNER
Literature often suffers from the fact that it is more will than representation.

C. Das Geheimnis jeder Macht besteht darin, zu wissen, dass andere noch feiger sind als wir. LUDWIG BÖRNE
The secret of all power consists in knowing that others are even more cowardly than we are.

D. Es lässt sich nicht mehr verheimlichen, dass die dt. Wirtschaft die aus der Wiedervereinigung entstehenden Probleme nicht bewältigt.
There is no longer any concealing the fact that the German economy is not mastering the problems which are arising from Re-unification.

E. Humor ist der Knopf, der verhindert, dass uns der Kragen platzt. JOACHIM RINGELNATZ
Humour is the valve which prevents us from blowing our tops.

F. Die Hinterbänkler wollen nicht, dass der Premier unterliegt.
The backbenchers do not want the Prime Minister to be defeated.

G. Das Leben ist viel rätselhafter als der Tod, es ist viel unbegreiflicher, dass ich bin, als dass ich einmal nicht bin. GÜNTER EICH
Life is much more puzzling than death: it is far harder to understand that I am than that, one day, I will not be.

Guidelines

1. An introductory *'dass'*-clause, as in sentence A, is often best translated by 'the fact that'. A mere 'that' is, however, often possible.
2. The *'daran, dass'* construction, as in B, needs 'the fact that'.
3. The *'bestehen darin, zu ..., dass'* construction, however, is often best rendered by the gerund – as in C.
4. Verbs of concealment, when followed by *'dass'*, require the full 'the fact that' form – as in D. Such verbs are:
   to hide　　to conceal　　to deny　　to hush up
   The common phrase *'es lässt sich nicht verbergen/leugnen, dass'* is translated 'there is no hiding/denying the fact that'.
5. *'Verhindern, dass'* is translated by 'to prevent from + gerund'.
6. *'Wollen, dass'* becomes 'to want + infinitive' – see F.
7. Sentence G reminds one that some *'dass'*-clauses can be translated by 'that'-clauses in English.

Step 2: Translating the Language of Politics

Translation Texts

The Texts

The three texts below, by the celebrated former East German author Volker Braun, have been chosen because they contain in exemplary form the structures just analysed and offer also an introduction to the language of politics. Note the vocabulary suggestions beneath the texts.

Your Task

Translate the two texts below in their entirety, paying especial attention to the points mentioned above, and then compare your versions with the master translations on page 148.

Volker Braun, „Die geänderte Welt"

Text

Kunzes Lieblingssatz ging: Ändere die Welt, sie braucht es. Aber es war nicht mehr zu übersehen, daß sie sich geändert hatte. Nicht unbedingt im Sinne des Erfinders, denn die Wälder starben, der Hunger nahm zu und die Luft benahm die Luft. Hinze war es zuviel. Dein Satz ist kurz, sagte er, mit langem Gesicht. Ist es nicht Zeit hinzuweisen, daß das Ändern zu ändern ist? Damit die Welt bleibt, nicht wie sie ist, sondern überhaupt. Ändere die Welt, wie sie es braucht. Es kann die Zeit kommen, dann reden wir noch anders.

„Der Zynismus der Plakate"

Text

Über Land fahrend, begegneten Hinze und Kunze vielerorts Losungen, auf Wände und Tafeln nicht eben gelenk geschrieben: daß es VORWÄRTS gehen solle und die Welt zu VERÄNDERN sei. Die Wände selbst waren oft grau und die Straßen verrottet, die schönen Sprüche allein der Lichtblick. Was meinen diese Leute? fragte Kunze, die Welt, in der sie Leben? Vermutlich wollen sie eine andere ändern. – Schön wärs, erwiderte Hinze böse.

„Larvenstadium"

Text

Hinze beklagte sich intern, daß die freie Gesellschaft der unterdrückten gleiche: daß sie, als die Herren, wie Knechte lebten. Kunze mochte ihn nicht beruhigen und deutete ungefähr in die Luft: Siehst du den Schmetterling? Bevor er sich in den Wind hebt, ist er die Raupe, die nur kriecht und frißt, und sich einpuppt, bis man sie nur für eine Mumie ansehen kann: dies werdende Flügelwesen. So schrieb Lenin, der politische Unterschied des Sozialismus zum Kommunismus werde möglicherweise größer sein als der des Kapitalismus zum Sozialismus. Wie wahr. Aber ebenso wahr und wichtig, sagte Kunze, ist unser Unbehagen, dem der neue Raum eng und dunkel dünkt wie eine Hülse, und unser Druck, der sie sprengen wird.

Suggestions

Lieblingssatz: *favourite maxim*
jdm. die Luft benehmen: *to take s.o.'s breath away*
gelenk geschrieben: *nimbly/agilely written*
die Hülse: *the husk, the hollow shell*

Step 3: Vocabulary Work

1 The Language of Politics

Your Task

Distinguish between the following pairs of ill-translated sentences, each of which contains one or more pairs of false friends from the world of politics. The correct answers are to be found on page 149.

1. The minister resigned: foreign politics no longer interested him.
   * Der Minister resignierte, für die Außenpolitik interessierte er sich gar nicht mehr.
2. She was a person of great zeal and was finally elected Speaker.
   * Sie war ein Mensch, der sich hohe Ziele steckte, und wurde schließlich zur Sprecherin gewählt.
3. After the communistic putsch the bureaucracy was controlled by the Party.
   * Nach dem kommunistischen Putsch wurde die Bürokratie von der Partei kontrolliert.
4. The security forces studied the transparencies carefully.
   * Die Sicherheitskräfte studierten aufmerksam die Transparente.
5. Thanks to his engagement he got the job. He had clearly learnt a lot during his time in the Civil Service.
   * Dank seinem Engagement bekam er die Stelle. Während seiner Zeit im Zivildienst hatte er offenbar viel gelernt.

2 The Language of Elections

Your Task

Read the passage below, paying especial attention to the fourteen words underlined, eight of which are false friends from the field of elections and their consequences. Then consider the statements beneath.

Text

Süffisant lächelnd musterte die Regierungschefin die Wahlergebnisse. Ein klares <u>Votum</u> für ihre Politik! Das <u>Manifest</u> hatte sich doch bewährt. Strenge <u>Kontrolle</u> der <u>Exekutive</u> und der Gewerkschaften – das kam ja meistens gut an.

Nach wie vor stellte ihre Partei die mit Abstand größte <u>Fraktion</u> im Unterhaus. Die <u>Opposition</u> hatte kaum einen Stimmenzuwachs erhalten, die neue Partei des <u>Zentrums</u> hatte lediglich ein <u>Mandat</u> gewinnen können.

Zwar hatte sich anscheinend die <u>Intelligenz</u> des Landes von ihr abgewandt. Aber dafür war das Fußvolk der Partei engagiert wie selten zuvor. Die <u>Basis</u> – da war ihre Stärke.

Mit Gelassenheit konnte sie jetzt einer <u>Kabinetts</u>umbildung und dem bevorstehenden Parteitag entgegengehen. Die allermeisten Minister dürften ja ihre <u>Ressorts</u> behalten. Vor allem der verdienstvolle <u>Schatzkanzler</u> müsste bleiben.

Wenn nur nicht der Parteitag schon wieder in jenem todlangweiligen Badeort stattfinden würde ...

Statements

1. The new party had won a <u>mandate</u>.
2. One of the Prime Minister's problems was the <u>intelligence</u> of the country.
3. The <u>Chancellor</u> was to keep his job.
4. The <u>opposition</u> had hardly gained more votes.
5. The government promised to <u>control</u> the unions.
6. Most ministers were to stay in their <u>resorts</u>.
7. The new party was a party of the <u>centre</u>.
8. The <u>cabinet</u> would be re-shuffled.
9. There had rarely been so many <u>engaged</u> people in the government party.
10. The Prime Minister's strength was her <u>basis</u>.
11. The election was a clear <u>vote</u> for her.
12. The <u>manifest</u> had proved its worth.
13. It had promised to deal with the <u>executive</u>.
14. The government party was the biggest <u>fraction</u> in the House of Commons.

3 The Language of the National Economy

Your Task

Read the headlines below, paying particular attention to the sixteen words underlined, eleven of which are false friends from the area of industry and the national economy. Then choose the best translation for each of the words from those listed beneath. The correct answers are on page 150.

Headlines

STABILITÄT NICHT AUSHÖHLEN

Hessen geht ohne Etat ins neue Jahr

Alle Parteien bejahen Prämien für Existenzgründer

Minister erläutert den Landes-Haushalt

Russen winken mit Handel

AKTIENMARKT AUF REKORDHOCH

Japaner übernehmen deutsche Gruppe

Englands Eisenbahnen privatisiert

Arbeitgeber will Belegschaft aufstocken

Klarheit über die Quote in zehn Jahren

PFUNDKURS STEIGT

Die Regierung gibt sich als selbstloser Spender

STAATSOBLIGATIONEN: HOHE RENDITE

Selbst die Industrie bezweifelt die Rentabilität des Brüters

Der nächste Crash kommt bestimmt

GALOPPIERENDE INFLATION

Options

all-time high – budget – collapse – course – crash – de-nationalize – equilibrium – estate – exchange-rate – existence – giver to charity – handle – increase – inflation – new business – overtake – privatize – profitability – quota – quote – record high – rentability – rising prices – spender – stability – stock up – take over – trade

14

UNIT **Crime and Law**

Step 1: The Translation of Reported Speech

1 Trial Sentences

The Problem

Reported speech is a frequent feature of the texts confronting a translator. English reported speech, however, follows different rules from German and has a different system of markers.

Your Task

Translate the sentences below and then compare your answers with the master versions on page 151. If your answers are all satisfactory, you may choose to omit the next, explanatory stage.

Sentences

1. Sie fragte ihn barsch, ob er bereit sei, seinen Hut zu nehmen.
2. Er behauptete, er sei nicht in die Affäre verstrickt gewesen.
3. Der Minister versprach, dass er den Fall untersuchen werde.
4. Sie sagten, sie hätten schneller gehandelt, wenn sie nur früher Bescheid bekommen hätten.
5. Sie sagte, sie bereue das Versäumnis. Es sei aber letzten Endes nicht ihre Schuld.
6. Keynes behauptete, eine Kürzung von allen Löhnen führe nicht zu einem Aufschwung, sondern zwangsläufig zu einer Rezession.
7. Augustinus sagte, Strafe sei Gerechtigkeit für die Ungerechten.

> *He is translation's thief that addeth more,*
> *As much as he that taketh from the store*
> *Of the first author. Here he maketh blots*
> *That mends; and added beauties are but spots. [...]*
> *And (if I Judgement have) I censure right;*
> *For something guides my hand that I must write.*
> *You have Translations statutes best fulfil'd*
> *That handling neither sully nor would guild.*

ANDREW MARVELL, *'To his worthy Friend Doctor Witty upon his Translation of the Popular Errors'* (1651).

2 Specimen Sentences in English Translation

Sentences

A. Sie behauptet, die Hochschule sei nicht reformfähig.
She claims that the university is not capable of reforming itself.

B. Er beteuert, er habe alles getan, um die Krise abzuwenden.
He asserts that he did/has done everything to avert the crisis.

C. Sie fragte, wie er vorhabe, die Frage zu regeln.
She asked how he intended to resolve the issue.

D. Der Regierungssprecher teilte mit, der Vorfall sei ohne Gefahr für die Bevölkerung gewesen. Schließlich gebe es keinerlei Grund für eine Massenpanik.
The government spokesman stated that the incident had not endangered the population. In the final analysis, he concluded, there were no grounds for mass panic.

E. Er habe, so führte er aus, seine Produktionsweise weitgehend modernisiert. Die Firma schreibe nicht mehr rote Zahlen.
He had, he declared, gone a long way towards reforming his means of production. The firm was, he continued, no longer in the red.

F. Er versprach, er werde das Land von Grund auf reformieren.
He promised that he would submit the country/region to a thorough programme of reform.

G. Seneca behauptete, der Ruhm sei der Schatten der Tugend.
Seneca maintained that fame is the shadow of virtue.

Guidelines

1. The major problem with reported speech occurs only when the verb of reporting (he/she said &c.) is in a past tense.
2. If the verb of reporting is in a past tense, then the German verb of reported speech undergoes a back-shift in translation into English.

Original tense in German RS	**Tense in translation**
present	*past* (sentence C)
future	*conditional* (F)
present perfect	*pluperfect* (E)
pluperfect	*pluperfect*

3. If it is not clear in English translation that a tense is reported speech – as in the second sentence of D (where 'In the final analysis there were no grounds for mass panic' could be the conclusion of someone else) – then this must be made clear by the introduction of a verb of reporting. This is a frequent additional problem as also in E.
4. Where a reported statement is felt to be of timeless validity – as in G – then no reported speech is required, although it remains possible.

Step 2: Translating the Language of Crime and Law

Translation Texts

The Texts

The four brief texts below have been chosen because they contain both relevant vocabulary from the field of crime and the law and examples of reported speech in action.

Your Task

Translate the texts below in their entirety, paying especial attention to the issues raised by reported speech, and then compare your versions with the master translations on page 151.

Manager in Erdloch gefangengehalten

Text

NEW YORK. Zwölf Tage lang war der Geschäftsführer eines amerikanischen Textilunternehmens in einem Erdloch eingeschlossen, bis die Polizei ihn befreien und seine beiden Entführer festnehmen konnte. Der Manager des New Yorker Unternehmens Lord West Formalwear war nach Angaben der Polizei am 4. August auf dem Weg zur Arbeit entführt worden. Die Täter seien zwei Brüder im Alter von 29 und 38 Jahren, von denen der ältere bei Formalwear gearbeitet habe. Sie steckten den Manager nach Angaben der Polizei auf einem Bahngelände in das Erdloch, das sie mit einer Tür abdeckten, auf die sie anschließend Steine häuften. Die Entführer versorgten ihr Opfer mit Obst und Wasser. Die geforderten drei Millionen Dollar Lösegeld wurden schließlich am Sonntag bezahlt. Obwohl die Entführer das Versteck entgegen der Absprache nicht preisgaben, konnte die Polizei den Manager bald finden, die Täter festnehmen und auch das Lösegeld sicherstellen. Der Geschäftsmann wirkte erschöpft, konnte aber nach einer Untersuchung das Krankenhaus verlassen.

Hamburger Student vom Pech verfolgt

Text

HAMBURG. „Ein Unglück kommt selten allein“, überschrieb die Hamburger Polzei am Freitag eine Meldung über die ungewöhnliche Pechsträhne eines 24 Jahre alten Studenten. Der Mann hatte in einem Lokal im Universitätsviertel eine Blume im Wert von 49 Mark vergessen. Als er zurückkehrte, um die Pflanze zu holen, berichteten ihm Gäste, ein anderer Besucher habe sie soeben mitgenommen und sei mit dem Fahrrad davongefahren. Die Richtung konnten sie angeben. Da dem Studenten klar war, daß er dem Blumendieb zu Fuß nicht mehr würde einholen können, sprach er einen unbekannten Fahrradfahrer vor der Gaststätte an und bat ihn, ihm das Zweirad für die Verfolgung zu leihen. Als Pfand übergab er dem Mann seine Aktentasche mit 140 Mark Bargeld und seine Papiere. Als der Student nach erfolgloser Suche zurückkehrte, mußte er feststellen, daß der Fahrradbesitzer samt der Aktentasche verschwunden war. Auf der Polizeiwache schließlich zerstörten die Beamten die Hoffnung des Nachwuchsakademikers, wenigstens das Fahrrad als Entschädigung behalten zu können; es war als gestohlen gemeldet.

Step 3: Vocabulary Work

1 The Language of the Law Courts

Your Task

The seven word pairs below are all false friends from the field of the law. Work out the differences between the pairs by matching each of the words with its correct definition among the fourteen on the right. The answers are to be found on page 152.

A. Advokat
B. Advocate

C. Brief
D. Brief

E. Kaution
F. Caution

G. Urteil
H. Ordeal

I. Paragraph
J. Paragraph

K. Revision
L. Revision

M. Zivilrecht
N. Civil Rights

1. all law concerning the private rights of a citizen
2. severe trial, experience that tests character or endurance
3. one section of a law
4. written communication sent from one person to another
5. sum of money paid as a guarantee
6. professional pleader in a court of justice
7. gentle but firm warning; or: acting carefully
8. judgement, sentence in court of law
9. someone who speaks or writes in support of a cause
10. the public rights of a citizen
11. call for a legal judgement to be reconsidered
12. summary of facts in a law case made for a counsel; or: piece of work for a counsel
13. one distinct passage in a book, essay etc. marked by indentation of first line
14. going over something again in order to correct or learn it

2 The Language of Crime and Detection

Your Task

The two stories below contain over twenty pairs of false friends from the realm of evil deeds and the whodunit. The story on the right is a bad – a very bad – translation of the story on the left. Detect as many errors as you can. The answers are to be found on page 153.

A Guileful Crime	**Ein geiler Krimi**
Was it a simple fall or a gruesome murder?	War es ein einfacher Fall oder ein grausamer Mörder?
The police were suspicious.	Die Police war verdächtig.
But evidence was lacking.	Aber es fehlte die Evidenz.
They used every list; they checked all indices.	Sie wendeten jede List an, sie überprüften alle Indizien.
Nothing. No-one.	Nichts. Niemand.
The magistrate became alarmed. The process was taking too long.	Der Magistrat wurde alarmiert. Der Prozess dauerte zu lange.
Where was justice?	Wo war die Justiz geblieben?
He turned to Poirot. To his ingenuity, his guile.	Er wandte sich an Poirot, an seine Ingenuität, seine Geilheit.
He besought him, visited him, explained the failure of the police.	Er besuchte ihn, visitierte ihn, erklärte den Fehler der Polizei.
Poirot listened, thought and then spoke.	Poirot hörte zu, überlegte und sprach.
'That's the clue! A criminal in the police. I can prove it.'	'Das ist ja der Clou! Ein Kriminaler in der Polizei. Ich kann's prüfen.'
'A guileful crime,' smiled Poirot afterwards, 'but nothing like as guileful as me.'	'Ein geiler Krimi', sagte später der lächelnde Poirot, 'aber bei weitem nicht so geil wie ich.'

3 The Language of Perception

Your Task

Distinguish betwen the following pairs of ill-translated sentences, each of which contains at least one pair of false friends from the field of perception. The correct answers are to be found on page 153.

1. a) Es irritierte die Polizei, dass die Verwandten so glotzten.
   *b) It irritated the police that the relatives gloated so.
2. a) Der Leichnam roch unangenehm.
   *b) The corpse reeked unpleasantly.
3. a) Der Polizeibeamte hatte offensichtlich etwas Wichtiges überhört.
   *b) The policeman had clearly overheard something important.
4. a) Es roch stickig nach Fäulnis und Dampf.
   *b) There was a sticky smell of foulness and damp.
5. a) Er übersah die vielen Probleme.
   *b) He oversaw the many problems.
6. a) Er hat die neue Hubschraubereinheit gegründet.
   *b) He grounded the new helicopter unit.
7. a) Seine Haare waren vom Brand stark versengt worden.
   *b) His hair had been severely singed by the brand
8. a) Sie lag da, vom Qualm gepeinigt.
   *b) She lay there, tortured by the qualm.
9. a) Sie wurde vom Klang der Triangel überrascht.
   *b) The clang of the triangle surprised her.
10. a) Der massive Tisch hatte sie vor Schlimmerem bewahrt.
    *b) The massive table had saved them from worse.
11. a) Sie behandelte ihn, als sei er unsichtbar.
    *b) She treated him as if he were unsightly.
12. a) Die Tatwaffe wies Leimspuren auf.
    *b) The murder weapon revealed traces of lime.

15

UNIT

War and Peace

Step 1: Translating the German Verbal Noun

1 Trial Sentences

The Problem

The German verbal noun (a substantive derived from the infinitive of a verb) is a common, indeed probably increasingly common, structure in German. Often, however, such nouns have no easy noun equivalent in English, so that alternative solutions must be found.

Your Task

Translate the sentences below and then compare your answers with the master versions on page 154. If your answers are all satisfactory, you may choose to omit the next, explanatory stage.

Sentences

1. Derzeit weiß man keine anderen Mittel zur Sicherung des Friedens als das Gleichgewicht gegenseitiger Abschreckung. HELMUT HILD
2. Alter schützt vor Liebe nicht, aber Liebe vor dem Altern. COCO CHANEL
3. Sprechen heißt urteilen, Schweigen heißt geurteilt haben. HANS LOHBERGER
4. Es gibt Bücher, die zum Gesprochenwerden da sind, die Odyssee zum Beispiel. WOLF V. NIEBELSCHÜTZ
5. Es gibt keinen Grund zur Beanstandung dieser Ware.
6. Durch Mich-Vergleichen erst finde ich mich. PETER HANDKE
7. Es ist zum Verzweifeln oder Totlachen.

> *There is no such thing as a law of translation, since laws admit of no exceptions. [. . .] In spite of the claims of Nida and the Leipzig translation school, who start writing on translation where others leave off, there is no such thing as a science of translation, and never will be.*

PETER NEWMARK, *Approaches to Translation.* Oxford: Pergamon Press 1981.

2 Specimen Sentences in English Translation

Sentences

A. Die schwerste aller Taten: das Abwinken. ULRICH HORSTMANN
The most difficult act of all: signalling refusal.

B. Klatschen heißt anderer Sünden beichten. WILHELM BUSCH
Gossiping is confessing other people's sins.
Or: *To gossip is to confess other people's sins.*

C. Regieren, das heißt vorausschauen. DE GIRARDIN
To govern is to look into the future. Or: *Governing means looking ...*

D. Kirschen sind zum Geschlucktwerden, Kirschsteine aber zum Gespucktwerden da. ERNST MANDELBAUM
Cherries exist to be swallowed, cherry stones, however, to be spat out.

E. Der Sinn einer Frage ist die Methode ihrer Beantwortung. LUDWIG WITTGENSTEIN
The sense of a question is the method by which it is answered.

F. Schlaf ist ein Hineinkriechen des Menschen in sich selbst. FRIEDRICH HEBBEL
Sleep is a process in which the human being crawls into itself.

G. Es ist zum Verrücktwerden.
It's enough to drive you crazy.

H. Forschen ist das, was dir sagt, dass ein Esel zwei Ohren hat. ALBERT LASKER
Research is what tells you that a donkey has two ears.

Guidelines

1. The essential point to recognize here is that the German verbal noun, usually easily recognizable by its '-en' or '-ung' ending (although other forms are possible), is far less frequent in English.
2. Translating a German verbal noun by an English noun often produces an awkward sentence – or worse. Therefore, alternatives must often be found, usually in other forms of the verb in question.
3. The preferable forms, referring to the sentences above, are:
   A. the gerund;
   B and C. either two infinitives or two gerunds (but not a mixture of the two);
   D. the passive infinitive;
   E. a relative clause;
   F. a creative periphrasis, often including the word 'process' or 'act';
   G. the colloquial construction 'it's enough to' + infinitive;
4. Occasionally, as in H, a simple noun is available in English. This is a useful reminder that the other options should not be used willy-nilly.

Step 2: Translating the Language of War and Peace

Translation Text

The Text

The text below, by the prominent conscientious objector Klaus Mannhardt, has been chosen since it contains both several examples of the above issue and a large amount of relevant vocabulary from the current language of war and peace.

Your Task

Translate the text below, paying especial attention to the many verbal nouns it contains, and then compare your version with the master translation on page 154. Note the vocabulary suggestions beneath.

Klaus Mannhardt, „Was heißt für mich Frieden?"

Text

Frieden, das heißt für mich zuerst einmal die Beseitigung der Hauptkriegsursachen. Diese liegen heute in der Anhäufung von immer mehr Massenvernichtungswaffen und einem unverantwortlichen Wettrüsten, das unsere Erde täglich der Gefahr eines atomaren Holocaust näher bringt. Frieden verbinde ich daher gegenwärtig wieder mit Kriegsverhinderung. Die vorrangigste Aufgabe sehe ich dabei in der Abwehr und Verhinderung jeglicher Strategien, die darauf hinarbeiten, Atomkriege führbar zu machen, sie regional zu begrenzen, und der damit verbundenen Waffensysteme: Pershing-II-Raketen, Marschflugkörper, Neutronenwaffen, Strahlenteppiche usw.

Frieden, das heißt keine Politik der Konfrontation, der Einmischung, der Erpressung, der Blockaden und des Boykotts, Frieden verlangt Zusammenarbeit und Dialog. Dabei gilt es, militärische Gewalt aus den internationalen Beziehungen zu verbannen und konkrete Schritte zur Abrüstung einzuleiten.

Nur durch eine vollständige Abrüstung kann dauerhaft Frieden geschaffen werden, weil die Kriegsgefahr erst dann endgültig gebannt ist, wenn die Mittel der Kriegsführung endgültig beseitigt sind.

Unter Abrüstungsmaßnahmen verstehe ich eine sichtbare Verringerung von Streitkräften und Rüstungen mit dem Ergebnis, daß eine Reduzierung von Kampfkraft und Vernichtungspotentialen erfolgt.

Frieden, das bedeutet des weiteren über die Abwesenheit von Krieg hinaus die Verwirklichung von politischer, sozialer und ökonomischer Gerechtigkeit auf der ganzen Welt. Kolonialismus, Unterentwicklung, Hunger und Not sind beständige Kriegsursachen, die ebenfalls beseitigt und überwunden werden müssen.

Frieden, das verbindet sich für mich zudem mit Zukunftsperspektiven und Überlebenschancen für die kommenden Generationen.

Umweltzerstörung, Verschwendung von Energie und Rohstoffen – wie zum Beispiel für die Rüstung – gefährden menschliches Leben und die Zukunft und können so zu Kriegsursachen werden. [...]

Ich verstehe meine Kriegsdienstverweigerung als sichtbares und spürbares Druckmittel zur Veränderung der Politik in diesen Fragen.

Suggestions

anhäufen: *to stock-pile*
der Marschflugkörper: the *cruise missile*
der Strahlenteppich: *radiation carpet*
über ... hinaus: *above and beyond*

Step 3: Vocabulary Work

The Language of War and Peace

Your Task

Read the English and German newspaper headlines below, paying particular attention to the essential sixteen words, thirteen of which are false friends from the field of war, peace and human aggression. Then choose the best translation for each of the words from those listed beneath. The correct answers are to be found on page 155.

Headlines

Rebels besieged in township

INNOCENT CIVILIANS STRAFED

I WAS BETRAYED, MINISTER SAYS

Fiend terrorizes local inhabitants

Marine lost at sea

AMNESTY FOR PLUNDERERS, SAY POLICE

Privates commandeer car

Slaughter on football terraces

Söldner laufen in der Hauptstadt amok

REBELLEN HISSEN FAHNE ÜBER PARLAMENTSGEBÄUDE

LUFTWAFFE BOMBARDIERT BERGDÖRFER

Rebellenführer mustert Truppen

Martinas Salve fegt Gegnerin vom Platz

LKWS REQUIRIERT

Options

<u>German</u>: Amnestie – (sich) aneignen – belagert – mit Bordwaffen beschossen – besiegt – bestraft – betrogen – Blutbad – Diebe – Feind – Gemetzel – kommandieren – Marine – Marineinfanterist – Plünderer – Private – requirieren – Schlacht – Soldaten – Unhold – verraten

<u>English</u>: bombs – bombards – go berserk – hiss – hoist – inspects – mercenaries – musters – raise – require – requisition – run amok – salve – salvo – soldiers

Revision III

Step 1: Revision Sentences

The Material

The following sentences allow you to test the knowledge and skills acquired in the foregoing five units. Each sentence contains one or more of the basic but essential points analysed and practised there.

Your Task

Translate the sentences below and then compare your answers with the master answers on page 156. If you find any grave weaknesses in your versions, return to the Unit(s) concerned for a second look.

Sentences

1. Kultur ist das, was der Metzger hätte, wenn er Chirurg wäre. MARY POOLE
2. Nörgeln ist der Tod der Liebe. MARLENE DIETRICH
3. Es lässt sich nicht mehr verbergen, dass die deutsche Hochschule extrem reformbedürftig ist.
4. Der Professor wurde einmal gefragt, warum er für Hausarbeiten immer feste Termine gesetzt habe, wo ja der Geist sich nicht so reglementieren ließe. Alles im Leben habe einen Termin, antwortete er, da das Leben selbst eine Terminsache sei.
5. Das Leben ist nur ein Augen-Öffnen und Wieder-Schließen. Darauf kommt's an, was man in der kleinen Mittelpause sieht. FRIEDRICH HEBBEL
6. Pflichten entstehen daraus, dass man nicht beizeiten nein sagt. THEO HERBST
7. Wenn die Affen es dahin bringen würden, Langeweile zu haben, so könnten sie Menschen werden. J. W. V. GOETHE
8. Ich möchte wirklich nicht, dass wir so spät fahren. Es besteht ja Glatteisgefahr. Wir müssen doch vorsichtig sein.
9. Der Zynismus der Zyniker besteht nicht darin, dass sie sagen, was sie denken, sondern darin, dass sie denken. GABRIEL LAUB
10. Sie bestanden darauf, dass sie nicht Bescheid gewusst hätten.
11. Denken ist Liebkosen der göttlichen Weisheit. BETTINA V. ARNIM
12. Ziel des Schreibens, des Lesens, des Lebens: das Sich-Erkenntlich-Zeigen der Dinge. PETER HANDKE
13. Hätte sie nur recht behalten! Wenn es nur so ausgegangen wäre!
14. Schon im ersten Satz spürte er ein Zucken in seinem linken Arm.
15. Die Stille ist das Atemholen der Welt. FRIDEL KUHLMANN
16. Als Peter Ustinov einmal gefragt wurde, wie es käme, dass er so viele Sprachen beherrsche, antwortete er: „Diese Vielfalt erklärt sich durch ein bedauerliches Defizit: ich habe keine Heimat gehabt." WERNER FULD

Step 2: Revision Translation Text

The Text

The text below, a central passage from Hans Erich Nossack's renowned novel *Spirale*, has been chosen because it allows revision of all the key structures found in the foregoing five units.

Your Task

Translate the text in its entirety and then compare your version with the master translation on page 157. If you find any grave weaknesses in your version, return to the Unit(s) concerned for a second look.

Hans Erich Nossack, „Unmögliche Beweisaufnahme"

Text

Vielleicht gebe es gar keinen Grund. – Was er damit meine? – Manchmal werde ohne Grund geweint, und das sei das wirkliche Weinen. – Ob seine Frau oft geweint habe? – Nein, kaum öfter als andere Menschen.

„Und wie würden Sie sich verhalten haben, wenn Sie es damals gewußt hätten?" fragte der Staatsanwalt.

Das sei nicht einfach zu sagen. Möglich, daß er hinaufgegangen wäre, um sie zu trösten. Aber vielleicht auch nicht. Wenn es einen Grund für das Weinen gegeben hätte, wäre er auf jeden Fall zu ihr hinaufgegangen, da ein Grund sich ja beseitigen lasse. Doch wenn es sich um das wirkliche Weinen handle, sei es besser, ihm seinen Lauf zu lassen und nicht zu stören.

„Halten Sie das nicht – ich vermeide den Ausdruck 'herzlos' – für, sagen wir, gefährlich, zumal in der Situation, in der Ihre Frau sich doch ganz offenbar befand?" forschte der Staatsanwalt weiter.

Gewiß, es sei gefährlich, sehr gefährlich sogar. Für beide Teile gefährlich; für den Hörenden vielleicht noch gefährlicher als für den Weinenden. Wegen der Hilflosigkeit. Das untätige Wartenmüssen, mit gebeugtem Nacken und die Hände auf die Tischplatte gebannt, damit sie nichts Falsches tun, nichts als warten und hoffen, daß das Weinen an sich selbst erlösche, das sei furchtbar.

Der Angeklagte bleibe also dabei, keinen Grund für das Weinen seiner Frau zu wissen, fragte der Präsident.

Keinen? Das sei nun auch wieder nicht richtig ausgedrückt. Denn selbstverständlich, das wisse doch jeder, sei immer Grund dazu vorhanden. Der grundlose Grund.

„Was sollen diese Paradoxe, Angeklagter", rief der Präsident verärgert. „Damit kommen wir nicht weiter. Ich will Ihnen auch nicht verhehlen, daß wir alle unter dem Eindruck stehen, als ob sie gerade an diesem Punkt nicht mit der Sprache heraus wollen."

Das liege an der Sprache und nicht daran, weil es etwas zu verheimlichen gebe. (Auszug)

16 UNIT School and Teaching

Step 1: Translating the German Adjectival Phrase

1 Trial Sentences

The Problem

The adjectival phrase positioned before the substantive is perhaps the most familiar and important German syntactical structure to have only rarely a parallel structure in English.

Your Task

Translate the sentences below and then compare your answers with the master versions on page 158. If your answers are all satisfactory, you may choose to omit the next, explanatory stage.

Sentences

1. Der Mensch ist eine oben und unten mit einer Öffnung versehene Röhre. SCHERR
2. Der leistungsschwach gewordene Libero musste auf die Reservebank.
3. Jogging: Die anstrengende Freizeit muss den körperlos gewordenen Job ergänzen. ADOLF MUSCHG
4. Die Verpflichtung hat jeder, der zum Leben bestimmt ist, den in ihn gelegten Plan auszuarbeiten bis zur letzten Feile. Dann darf er gehen. KÄTHE KOLLWITZ
5. Tugenden sind meist aus Feigheit verschwiegene Laster. HANS LOHBERGER
6. Die zu verkaufende Wohnung durfte noch nicht besichtigt werden.
7. Das Leben ist eine schwer zu beantwortende Frage, der Freitod die am leichtesten zu findende Antwort.
8. Das einst idyllische Grenzstädtchen war zum Tummelplatz der Touristen geworden.

> *Allzu pünktliche Treue macht jede Übersetzung steif, weil unmöglich alles, was in der einen Sprache natürlich ist, es auch in der andern sein kann.*

GOTTFRIED EPHRAIM LESSING, *Hamburgische Dramaturgie,* Achtes Stück (den 26. Mai, 1767).

2 Specimen Sentences in English Translation

Sentences

A. Der Mensch ist ein durch die Zensur gerutschter Affe.
GABRIEL LAUB
The human being is an ape that has slipped through the censorship.

B. Es war damals ein vom Bürgerkrieg zerrissenes, von Glaubenskonflikten tief gespaltenes Land.
It was at that time a country torn apart by civil war and deeply divided by confessional conflict.
Or: *It was at that time a country which was torn apart ...*

C. Der zu zahlende Betrag war übertrieben hoch.
The amount to be paid was exorbitant.

D. Im Winter froren sie jämmerlich in ihrer schwer zu heizenden Bude.
In wintertime they were wretchedly cold in their digs, which were hard to heat.

E. Die einst seriöse Zeitung war längst zum Boulevard- und Käseblatt geworden.
The once highbrow paper had long since become a gutter tabloid.

F. Der damals zweiundsiebzigjährige Minister wurde ins Oberhaus abkommandiert.
The then seventy-two-year-old minister was given his marching orders for the House of Lords.

Guidelines

1. The essential thing to note here is that the adjectival phrase in front of the noun is comparativley rare in English and permissible only in especial circumstances.
2. It must almost always be replaced by either a) a relative clause or b) an adjectival phrase – in both cases after the noun.
3. Solution b) is possible only when the German adjectival phrase contains a transitive verb – as in B.
4. Solution a) is possible both with a transitive (A) and with an intransitive verb (B), but more likely in the former case.
5. If the German adjectival phrase contains the *'zu -end'* construction, as in C, then the correct translation involves a passive infinitive.
6. When, however, this *'zu -end'* form includes an adverb, as in D, then the correct translation demands an active infinitive.
7. There is one case where the adjectival phrase before the noun **can** be translated by a parallel phrase before the noun in English. This is when the German phrase includes an adverb of time – as in E and F. The longer such a phrase is, however, the less elegant it becomes.

Step 2: Translating the Language of Teaching

Translation Text

The Text

The text below, by the young author Hans-Michael Behrens, has been chosen because it contains several examples of the point just analysed and a wide range of vocabulary from the field of school life.

Your Task

Translate the text below in its entirety, paying especial attention to the several examples of the above issue, and then compare your answer with the master translation on page 158. Note the vocabulary suggestions beneath the text.

Hans-Michael Behrens, „Zahltag"

Text

Endlich hat es für Schüler wieder einen Sinn, in die Schule zu gehen: Ab dem nächsten Schuljahr erhält jeder der einstmals so unwilligen Schulbesucher ab dem 5. Schuljahr ein nach Jahrgängen gestaffeltes Schülergehalt. So werden sich die Anwesenheitslisten in den Klassenzimmern mit Häkchen füllen, die Portemonnaies der Schüler mit klingender Münze, die Kinos, Pommes-Buden, Hifi- und Mofaläden mit Schülern und der steile Abgrund des Staatsfinanzloches mit den zusätzlichen Mehrwert-, Umsatz-, Genußwaren-, Fahrzeug-, Lebensmittel- und der bis dahin sicherlich eingeführten Schülereinkommens-, Schülerkapitalzuwachs- und deren Zusatzsteuern.

Der Lebensstandard der Schüler hebt sich, die Unternehmer verzeichnen die höchsten Gewinne seit 30 Jahren, die Jugendarbeitslosigkeit sinkt durch einen Stau von Nichtversetzten in den gehalthöheren Klassen, was dem Staat wiederum die Arbeitslosenunterstützung spart, und jedermann ist rundherum glücklich und zufrieden.

Doch dieser Zustand wird nicht von langer Dauer sein, denn glücklicherweise leben wir ja in einer vorbildlich funktionierenden freien Marktwirtschaft, in der die Unternehmer auf die gesteigerte Nachfrage mit höheren Preisen reagieren. Gegen Ende des Schuljahres bildet sich der Deutsche Schülergewerkschaftsbund DSGB. Spätestens in den nächsten Sommerferien tritt man in die Tarifverhandlungen.

Die Forderungen sind einleuchtend: Erweiterung bis zum 20. Schuljahr, weniger Wochenstunden bei höherem Gehalt und die Möglichkeit, pro Schuljahrgang sechsmal statt wie bisher zweimal sitzenbleiben zu können.

Auf die anfängliche Weigerung der Bundesregierung drohen die Schüler mit Streik, oder damit, ihre Schullaufbahn schneller zu beenden und so den Arbeitsmarkt wieder zu überschwemmen. Schließlich einigt man sich auf einen angemessenen Tarifzuschlag, und das Bruttosozialprodukt steigt jährlich bis ins Unermeßliche.

Doch können wir es unseren unmündigen, minderjährigen Schülern wirklich zumuten, für uns Fehlpolitik und Mißwirtschaft auszubaden?

Suggestions

nach Jahrgängen gestaffelt: *on an annual scale*
das Finanzloch: *the budgetary deficit*
die Mehrwertsteuer: *the value-added tax*
die Kapitalzuwachssteuer: *the capital gains tax*
der Stau: *the backlog*
die Misswirtschaft: *the economic mismanagement*

Step 3: Vocabulary Work

The Language of Schoolwork

Your Task

Distinguish between the following pairs of ill-translated sentences and phrases, each of which contains one or more pairs of of false friends from the world of school days and school work.

1. a) Sie referierte adäquat die beiden in Frage kommenden Konzepte.
   *b) She referred adequately to the two concepts in question.
2. a) Ich kann deine Meinung nur schwer verstehen.
   *b) I have difficulty grasping your meaning.
3. a) Es war keine erfreuliche Lektüre, weil oft inkonsequent.
   *b) It was not an enjoyable lecture because often inconsequent.
4. a) die konsequente Übersicht
   *b) the consequent oversight
5. a) Er konnte die eigenen Notizen nicht lesen.
   *b) He could not read his own notices.
6. a) Der Hausmeister meinte, es würde am schwarzen Brett hängen.
   *b) The housemaster said it was hanging on the blackboard.
7. a) Man brauchte viel Wissen, um das Diktat zu begreifen.
   *b) It took much wisdom to appreciate the dictat.
8. a) Eventuell hat er die Hausaufgaben vergessen.
   *b) Eventually he forgot the housework.

For other false friends in the word field of the school, see Unit 10.

17

UNIT

Literary History

Step 1: Translating Negative and Restrictive Adjuncts

1 Trial Sentences

The Problem

Inversions of the verb are far less common in modern English than in German. It is all the more important, therefore, to master the relatively few cases that remain.

Your Task

Translate the sentences below and then compare your answers with the master versions on page 160. If your answers are all satisfactory, you may choose to omit the next, explanatory stage.

Sentences

1. Selten waren sie so niedergeschlagen, so wortkarg gewesen.
2. Nur in der Londoner Tate Gallery findet man eine so breite Palette an Turner-Gemälden.
3. Er war durch nichts aus der Fassung zu bringen, doch konnte ihm auch nichts eine Freude bereiten.
4. In keinem Land treten Klassenunterschiede so offen zutage wie in Großbritannien, aber in keinem werden sie so gelassen hingenommen. HEINRICH HÄNDEL
5. Kaum standen sie unter der Dusche, bimmelte das Telefon.
6. Nie wieder trinke ich das angebotene Glas Sherry bei einem wichtigen Vorstellungsgespräch!
7. Erst im Sonnenschein gedeiht die Blume, erst in der Gemeinschaft gedeiht der Mensch.

> *„Bedeutung heißt Übersetzbarkeit": die Lärche, die mich an etwas erinnerte und so „übertragbar" wurde: Bedeutung heißt, dass mir etwas phantastisch wird und einen Vergleich ermöglicht; dass mir etwas sichtbar wird; mir etwas wird.*

PETER HANDKE, *Phantasien der Wiederholung.* Frankfurt am Main: Suhrkamp 1983.

2 Specimen Sentences in English Translation

Sentences

A. Nirgends lernt man eine Fremdsprache leichter als in der Fremde.
Nowhere does one learn a foreign language more easily than abroad.

B. Zu keiner Zeit hatten so viele soviel so wenigen zu verdanken.
Never have so many owed so much to so few.

C. Kaum hatte das Konzert angefangen, bekam ihr Nachbar einen Hustenanfall.
Scarcely had the concert started when her neighbour got a coughing fit.

D. Nicht die geringste Ahnung hatte er, dass sein Dienstzimmer verwanzt war.
Little did he know that his office was bugged.

E. Erst nachdem die Leihmüllers gegangen waren, kam die Fete in Schwung.
Only after the Leihmüllers had left did the party come alive.

F. Selten hat man in einer englischen Regierungspartei so viel Filz, Kungelei und Unmoral erlebt.
Rarely has one seen so much sleaze in a British governing party.

G. Auf keinen Fall darf das zugelassen werden.
In no circumstances is that to be permitted.

Guidelines

1. Inversions of the verb are found in modern English especially in two cases – after negative adjuncts and after restrictive adjuncts – but only when these stand at the beginning of a sentence or clause.

2. The major negative adjuncts involved are: 'neither', 'never', 'never again', 'no + noun', 'nor', 'not until', and 'nowhere'.

3. The major restrictive adjuncts involved are: 'barely', 'only', 'rarely', 'scarcely', 'seldom', 'so + adjective', 'little'.

4. The correct forms of British inversions are:
Selten findet man: 'Rarely does one find …'
Selten fand man: 'Rarely did one find …'
Selten habe ich gesehen: 'Rarely have I seen …'
Selten hatte ich gesehen: 'Rarely had I seen …'

5. It is important to recognize that in sentences such as E the inversion comes only in the main clause and not earlier.

6. Note that inversions such as 'Few are they who …' or 'No more can one see …' tend to be viewed today as antiquated and stilted.

Step 2: Translating the Language of Literary History

Translation Text

The Text

The text below, from Ulrich Müller's well-known series, has been chosen since it both contains the above issue and introduces one gently into the translation of literary history and criticism.

Your Task

Translate the text below in its entirety, paying especial attention to the above issue, and then compare your version with the master translation on page 160. Note the vocabulary suggestions beneath.

Ulrich Friedrich Müller, „Steckbrief 120"

Text

„Nie im neunzehnten Jahrhundert hat es irgendwo ein ähnlich unwandelbar herzliches Verhältnis zwischen einem Dichter und seiner Nation gegeben" – so hat Stefan Zweig ohne eine Spur der Übertreibung die Begeisterung ausgedrückt, mit der dieser Schriftsteller geliebt, verehrt und gefeiert wurde. Als der erste Roman des unbekannten Parlamentberichterstatters unter dem Pseudonym „Boz" erschien, geschah das in der damals üblichen Form monatlicher Fortsetzungslieferungen. Das erste dieser blauen Hefte wurde in 400 Exemplaren gedruckt, bei der fünfzehnten Fortsetzung reichten 40 000 Stück schon nicht mehr aus. Die Leute gingen dem Briefträger entgegen, sie lasen auf der Straße, sie blickten sich gegenseitig über die Schultern.

Und diese Liebe überschlug sich geradezu, als der Autor sein Pseudonym aufgab. Nun wußte man, daß die Gestalten seiner Romane nicht nur die Frucht liebevoller und doch fast klinischer Beobachtung waren, sondern daß er vieles von dem, was er beschrieb, am eigenen Leibe erfahren hatte: die entwürdigende und gleichmacherische Methode der Vollstreckungshaft, die seinen Vater nach dem Bankrott in Verzweiflung gestürzt hatte, als der Sohn kaum zehn Jahre alt war, oder die Fron der Kinderarbeit, die den sensiblen Jungen als Packer in einer Fabrik für Schuhwichse unter das roheste Volk brachte.

Noch heute erkennen sich die Engländer in diesem Manne wieder, der Reformen auslöste, ohne sie zu fordern, der Menschen darstellte, ohne sie zu richten, und der alle gegebenen Institutionen des privaten und nationalen Lebens kritisch beleuchtete, ohne jemals an ihrer Existenzberechtigung zu zweifeln – und dies alles mit einem feinen Humor, der nur ganz selten zum Galgenhumor wurde und fast nie das Pathos grimmiger, verzweifelter Ironie hatte, mit dem ein Zyniker wie Jonathan Swift seinem Lande die Wahrheit gesagt hatte.

Step 3: Vocabulary Work

The Language of Literary History

Your Task

Read the ten quotations below, paying especial attention to the words underlined, only few of which have a true friend in English. Choose the best translation for each from the words listed beneath.

1. Lyrik, die Dichtform der Innerlichkeit, ist neben der Musik das eigenste Gebiet des deutschen Volkes. WILHELM DILTHEY
2. Der Wert von lyrischen Versen als solchen besteht in dieser Einheit der Bedeutung der Worte und ihrer Musik. EMIL STAIGER
3. Ganz anders verhält es sich mit dem Roman, der modernen bürgerlichen Epopöe. G. W. F. HEGEL
4. Die Novelle verhält sich zum Romane wie ein Strahl zu einer Lichtmasse. FRIEDRICH THEODOR FISCHER
5. Der Roman gehört der neueren Zeit an, wie das Epos der Vorwelt. WILLIBALD ALEXIS
6. Es hebt den Roman gegen alle übrigen Formen der Prosadichtung – Märchen, Sage, ja selbst Novelle – ab, dass er aus mündlicher Tradition weder kommt noch in sie eingeht. WALTER BENJAMIN
7. Die deutsche Klassik hat viel stärker noch als die deutsche Romantik zur Entfesselung der europäischen Romantik geführt. FRITZ STRICH
8. Von der Möglichkeit des Dialogs hängt die Möglichkeit des Dramas ab. PETER SZONDI
9. Ein Romantiker ist ein Künstler, den das große Missvergnügen an sich schöpferisch macht – der von sich und seiner Mitwelt wegblickt, zurückblickt. FRIEDRICH NIETZSCHE
10. Dass wir aus dem Altertume Klassiker haben, d. h. Geister, deren Schriften in unvermindertem Jugendglanz durch die Jahrtausende gehen, kommt großenteils daher, dass bei den Alten das Bücherschreiben kein Erwerbszweig gewesen ist. ARTHUR SCHOPENHAUER

Options

classic	epos	novella	Romantic poet
classical age	line of verse	play	Romanticism
classicism	lyric	prose fiction	saga
classicist	lyrical	prose poetry	sage
drama	lyric poetry	Roman	short story
epic	novel	Romantic	verse

18

UNIT

Literature and Reading

Step 1: Translating the German Adjectival Noun

1 Trial Sentences

The *Problem*

German adjectival nouns – constructions such as *'die Begabten', 'der/die Bescheidene', 'das Hervorragende an ihr'* – are common and elegant structures whose English equivalents, however, often cause problems and confusion for the translator.

Your Task

Translate the sentences below and then compare your answers with the master versions on page 161. If your answers are all satisfactory, you may choose to omit the next, explanatory stage.

Sentences

1. Flirt ist Training mit dem Unrichtigen für den Richtigen. SENTA BERGER
2. Zeit: a) Reichtum der Armen b) Armut der Reichen.
3. Lebenskünstler sind Menschen, die nicht nur Zeit für das Notwendige, sondern auch für das scheinbar Überflüssige haben. FRIEDL BEUTELROCK
4. Das Gute daran ist das Gute darin. REKLAME
5. Die Phantasievollen sind die Krankenpfleger der Langsamen. RUDOLF ROLFS
6. Schmutz ist das Schmutzigste an den sauberen Stellen. DAGOBERT RUNES
7. Gefährliches im Nachlass Indira Gandhis SCHLAGZEILE
8. Boris der Blasierte unterliegt Iwan dem Schrecklichen. SCHLAGZEILE

> *Wer übersetzt, der untersetzt.* MATTHIAS CLAUDIUS
> *Poetry is what gets lost in translation. (attr. to)* ROBERT FROST
> *The pun, or to use a more erudite, and perhaps more precise term – paronomasia – reigns over poetic art, and whether its rule is absolute or hinted, poetry by definition is untranslatable.* ROMAN JAKOBSON
> *There is no more intensive and productive way of studying a work of literature than to translate it.* R. R. READ

2 Specimen Sentences in English Translation

Sentences

A. Nicht der Kluge, nur der Weise hilft. MAX FRISCH
It is not the clever person, but only the wise person who can help.

B. Im Lande der Blinden ist der Einäugige König. H. G. WELLS
In the country of the blind, the one-eyed man is king.

C. Langsame sind interessanter als Schnelle.
HANS-EBERHARD PIEPHO
Slow people are more interesting than quick people.

D. Das Schöne und das Natürliche zogen sie unwiderstehlich an.
The beautiful and the natural exerted an irresistible attraction on her.

E. Das Schöne ist nichts als des Schrecklichen Anfang.
R. M. RILKE
Beauty is nothing but the beginning of terror.

F. Zartes muß nicht teuer sein. REKLAME
Tender things need not be dear.

G. Das Auffällige an den Reichen ist ihre Geistesarmut.
ERNST MANDELBAUM
The striking thing about the rich is their poverty of spirit.

H. Das Beste, das man über die Herrschaft Johanns des Schwachen sagen kann, ist, dass andere noch weniger Erfolg gehabt haben.
The best thing one can say about the reign of John the Weak is that others were even less successful.

I. Teile mir bitte schnell das Wichtigste mit. Das ist das mindeste, was du machen kannst.
Please tell me quickly the most important things. That's the least you can do.

Guidelines

1. The correct translations of adjectival nouns differ interestingly and importantly according to the exact case given:
   a) people in the singular with an article (A and B): 'a/the wise person', 'a/the one-eyed man' etc. *For the exceptions to this see Appendix B.*
   b) people in the plural with an article (B and G): 'the blind', 'the rich'.
   c) people in the plural with no article (C): 'slow people' etc.
   d) a large abstraction with an article (D and E): 'the beautiful', 'the natural' etc. At times, as in E, a substantive may be more suitable.
   e) a large abstraction with no article (F): 'tender things' etc.
   f) a restricted abstraction (G and H): 'the most striking thing about'.
7. Rulers' names (H) read 'Ethelred the Unready', 'Charles the Bold'.
8. The common form '*das mindeste/wenigste*' becomes 'the least'.

Step 2: Translating the Language of Reading

Translation Text

The Text

The text below, from the essayistic work of the distinguished novelist Martin Walser, has been chosen since it contains not only examples of the point above but also key vocabulary from the field of reading.

Your Task

Translate the text below in its entirety, paying especial attention to the several examples of the above issue, and then compare your version with the master translation on page 162. Note the vocabulary suggestions beneath.

Martin Walser, „Wenn ich lese"

Text

Leute, die keine Leser sind, behaupten, wir Leser läsen, um abends mitreden zu können. Aber so einfach sind wir nicht zu erledigen. Daß einer ein Leser bleibt, hat kompliziertere Gründe. Als Kind ist jeder ein Leser. Werden einem später alle Wünsche erfüllt (und das geschieht nur, wenn man zu wenig Wünsche hatte), dann liest man nicht mehr. Man liest nur, solange man noch wünscht. Solange man noch hofft.

Also ist dem Leser das Buch durchaus nicht, was Niarchos seine Jacht ist. Niarchos will sich in seiner Freizeit rasch mit Vollkommenheit ausstatten. Das Buch aber ist dem Leser ein Trainingsgelände, da werden Wünsche nicht erfüllt, sondern frischgehalten, und der Hoffnung werden die Sprunggelenke gestärkt. Lesen ist also kein Hobby. Lesen ist eine Kraft, die aus unserer kraftvollsten Zeit, aus der Kindheit, stammt. Die einzige Kraft, die wir halbwegs herüberretten können. Ins Lesen flüchtet sich, was vom Kind noch lebendig ist. Denn Lesen ist nichts anderes als das Fürwahrhaltenkönnen einer besseren Welt. Gleichzeitig ist Lesen auch ein Gespräch über Gott und die Welt und unsere Rolle darin.

Es gibt kein Buch, in dem es zugeht wie in der Welt. Selbst im schlimmsten Buch geht es besser zu, denn das Schlimme ist im Buch erkennbar als das Schlimme. In der Wirklichkeit aber hat sich das Schlimme einen guten Namen gemacht. Also baut jeder Leser mit am Spiegel, in dem die Wirklichkeit sich endlich erkennen und vor ihrem Bild zu Tode erschrecken soll.

Einige verlernen dieses schöne Spiel, weil eben ihre Wünsche und Hoffnungen der Art waren, daß sie bald genug erfüllt wurden. So entstehen die Gesättigten, die Zufriedenen. Die bedürfen weder des Alphabets noch der Zukunft. Der Leser bleibt das Gegenteil des Zufriedenen. Der Erfolgreiche, der Sieger auf seinem Feld

– kann der ein Leser sein? Kann man sich in seinen Händen Hölderlins Gedichte vorstellen? Oder Kafkas Erzählungen? Sowas kann vorkommen. Vorstellen kann ich's mir nicht. (gekürzt)

Suggestions

sich ausstatten mit: *to equip oneself with*
die Sprunggelenke: (literally: *the ankle-joints*) *the sinews, tendons*
Gott und die Welt: (perhaps) *everything under the sun*
gesättigt: *sated, satiated*

Step 3: Vocabulary Work

The Language of Books and Books on Books

Your Task

This exercise contains seven pairs of false friends from the world of books, book-shops and libraries. Discover them by translating the sentences below, as shown in the example. Then check your answers on page 163.

Example

Der Bibliothekar **signierte** noch zwei neu eingetroffene Bücher, unterschrieb vier getippte Briefe und ging.
*The librarian gave a class-mark to two newly arrived books, **signed** four typed letters and left.*

Sentences

1. Sie fand zwar einige Taschenbücher zum Thema, aber das Handbuch, das sie eigentlich wollte, war nicht vorrätig.
2. Die mehrstöckige Buchhandlung schien schier alles zu haben, vom Taschen- bis zum Text-, vom Lehr- bis zum Liederbuch.
3. Es war nicht zu überhören, dass der Autor des Drehbuchs auch das Fernsehspiel geschrieben hatte.
4. Das Werk galt bereits im voraus als hohes Beispiel der zeitgenössischen Romankunst. Der Professor bestellte rechtzeitig sein Exemplar.
5. Die Bibliothekarin verglich die Signatur auf dem Buchrücken mit der auf dem Leihschein, überprüfte die Unterschrift der Studentin und nickte mit dem Kopf.
6. Sie hatte ursprünglich Angst vor der Kritik gehabt, über ihren ersten Roman hatte sich aber fast kein Kritiker missfällig geäußert.
7. Das Buch behandelte die ersten Textversionen der Bibel. Die Rezensionen verrieten, dass es entweder nicht gelesen oder nicht verstanden worden war.

19

UNIT **Language**

Step 1: The Translation of *'erst'*

1 Trial Sentences

The Problem

The word '*erst*' is a two-fold problem for the translator into English. Firstly, it itself has several meanings, which must be correctly identified. Secondly, some of these meanings involve difficult constructions in English translation.

Your Task

Translate the sentences below and then compare your answers with the master versions on page 163. If your answers are all satisfactory, you may choose to omit the next, explanatory stage.

Sentences

1. Erst wenn wir ohne unser Ich an die Dinge herantreten, enthüllen sie uns alle ihre Wunder. ELSE HASSE
2. Erst gegen Ende ihrer Rede lüftete die Ministerin den Schleier des Geheimnisses.
3. Die Hindernisse sind das, was die Liebe erst interessant macht. SARAH BERNHARDT
4. Erst nachdem man/frau sich in das Sachfach vertieft hat, lohnt es sich, das Auslandssemester zu machen.
5. „Wir stellen die Leute erst dann wieder ein, wenn die Konjunkturlage sich deutlich verbessert hat. Heutzutage muss man erst recht vorsichtig sein."
6. Einflüsse aus dem deutschen Sprachraum auf den englischen Wortschatz lassen sich erst seit frühmittelenglischer Zeit nachweisen. HERBERT KOZIOL
7. Erst die Arbeit, dann der Aerobic-Kurs.

> *Wo Verständigung ist, da wird nicht übersetzt, sondern gesprochen. Eine fremde Sprache verstehen bedeutet ja, sie nicht in die eigene Sprache übersetzen müssen. Wo einer eine Sprache wirklich beherrscht, bedarf es keiner Übersetzung mehr, ja erscheint jede Übersetzung unmöglich.*

HANS-GEORG GADAMER, *Wahrheit und Methode.* Tübingen: Mohr 1975.

2 Specimen Sentences in English Translation

Sentences

A

a) Verdammt! Es ist erst zehn! Ich schlaf' wieder ein.
Blast! It's only ten o'clock! I'll go back to sleep.
b) O je! Nächste Woche ist Abgabetermin! Ich habe erst acht Zeilen geschrieben!
Oh dear! The deadline's next week. I've only written eight lines!

B

a) Die Lieferung trifft erst nächste Woche ein.
The delivery will not arrive until next week. Or: *... will arrive only ...*
b) Reif ist man erst, wenn man auf sich selbst nicht mehr hereinfällt. HEIMITO V. DODERER
One is mature only when one is no longer taken in by one's self.

C

a) Erst sieben Jahre später nahm Thomas das Buch wieder in die Hand.
Only seven years later did Thomas take up the book again.
b) Erst nach der Personalunion Schottlands und Englands (1603) begann die englische Gemeinsprache auch in Schottland Boden zu gewinnen. HERBERT KOZIOL
It was not until the Union of Crowns in 1603 that common English began to gain ground in Scotland also.
c) Erst wenn du mir vergeben hast, komme ich zurück.
Only when you have forgiven me will I come back.
Or: *I won't come back until you've forgiven me.*

D

a) Er ist komisch, aber seine Eltern sind erst recht bescheuert.
He's odd, but his parents are really bonkers.
b) Erst kommt das Fressen, dann kommt die Moral.
BERTOLT BRECHT
Grub first, then ethics.

Guidelines

1. In simple sentences of present time or amount, as in the sentences under A, the straightforward translation of '*erst*' is 'only'.
2. When '*erst*' refers to the future, as in the sentences under B, the correct translation is 'not until' or 'only (when)'.
3. If the translation of '*erst*' in such sentences is placed at the beginning of the sentence, as in C, then an obligatory inversion follows. (For inversions see Unit 17.)
4. The inversion can be avoided by the form 'It was not until ... that'.
5. The two further, common uses of '*erst*' given in D have nothing to do with the above and should not be confused with them.

Step 2: Translating Language to do with Language

Translation Text

The Text

The text below, by the renowned linguist Ernst Leisi, has been chosen because it contains both examples of the above point and also a wide spread of relevant vocabulary from the field of language itself.

Your Task

Translate the text below in its entirety, paying especial attention to the above issue, and then compare your version with the master translation on page 164.

Ernst Leisi, „Die Hochsprache (Standard Englisch)"

Text

Erst gegen Ende der mittelenglischen Epoche bildete sich wiederum eine englische Schriftsprache heraus, und zwar aus dem Dialekt Londons. Für die Bevorzugung gerade der Londoner Sprache gab es vielerlei Gründe. London war die Hauptstadt des seit der normannischen Eroberung stark zentralistisch regierten Königreichs (Kanzleien, Urkunden); es lag geographisch an einem Schnittpunkt, in dem Kentisch, Sächsisch und Anglisch (Kentisch, Südlich und Mittelenglisch) zusammentrafen, weshalb seine Sprache keinem dieser Gebiete völlig fremd war. In der Nähe Londons selbst lagen die großen Universitäten, am Hofe und in der Stadt lebten große Dichter (vor allem Chaucer), die die Sprache Londons in bewunderten und verbreiteten Werken in das Land hinaustrugen; endlich wirkte auch die Druckerpresse (nach ihrer Einführung durch Caxton 1476) vor allem von London aus.

Die englische Schriftsprache ist also ihrem Ursprung nach die Mundart Londons. Dies darf aber nicht zur Annahme verleiten, daß sie dies heute noch sei. Im Gegenteil, in dem Maße, wie die Schriftsprache sich verbreitete und allgemein anerkannt wurde, begann sie sich vom Londoner Dialekt zu entfernen, welcher im einfacheren Volk weiterlebte und sich zum heutigen Cockney entwickelt hat. Die Schriftsprache trägt zwar für den Philologen deutlich erkennbare südliche und mittelländische Züge, für den Engländer besteht aber heute ihr Wesen gerade in ihrer Dialektfreiheit, d. h. im Fehlen der Bindung an die lokale Sprechweise einer bestimmten Gegend.

Bezeichnend für die Stellung der Dialekte in England ist auch, daß in der Literatur der Dialektsprecher bis in die jüngste Zeit fast ausschließlich eine komische Figur meist niederen Ranges war. Erst durch große „Regionalisten" wie Hardy, D. H. Lawrence, Mary Webb und durch die irische Renaissance (Yeats, Lady Gregory, Synge) wird der Dialekt auch in den ernsthaften, würdigen Bereich erhoben.

(gekürzt)

Step 3: Vocabulary Work

The Language of Language

Your Task

Complete the crossword below, which is made up of ten pairs of false friends – and two true friends – from the realm of language and grammar. The clues are the words underlined. The correct answers – to be found on page 165 – are all English words.

Across

3. Muß das im Konjunktiv sein? (11)
6. Du bist schwanger? (8)
7. Ein Wort wie UNESCO nennt man ein Akronym. (7)
9. eine prägnante Formulierung (5)
11. Sie wird sich bestimmt positiv über das Vorhaben äußern. (5,3)
13. Paul sang den Liedtext. (6)
14. Dafür gibt es eine feste Redewendung. (6)
17. Diese Schriftstellerin hat einen umfangreichen Wortschatz. (10)
18. eine feinfühlige Sentenz (8)
19. Ihr Stil ist bewundernswert prägnant. (5)
21. Im Südwesten werden gewisse Vokale anders ausgesprochen. (6)

Down

1. das passende Beiwort (9)
2. Wie soll man das Wort aussprechen? (9)
3. die Prägnanz ihres Stils (12)
4. eine neue Vokabel (4,2,10)
5. Diese Parole ist nur eine Phrase. (5,6)
8. auf Bewährung entlassen (6)
10. Das ist kein grammatikalischer Satz. (8)
12. Wörter wie 'therefore' sind Verbindungswörter. (11)
15. die vorletzte Silbe (8)
16. Der Name Machiavelli ist zum Inbegriff der Tücke geworden. (6)
20. Wie lautete noch die Parole vom letzten Wahlkampf? (6)

20

UNIT The Theatre

Step 1: Punctuating Your Translation

1 Trial Sentences

The Problem

Many students of English see punctuation as unnecessary pedantry. In reality, punctuation marks are the statics which hold the building together. Perhaps the easiest way of telling that a translation has been written by a German hand is to check its often deviant punctuation.

Your Task

Translate the sentences below, paying especial attention to their punctuation, and then compare your answers with the master versions on page 165. Even if your answers are all satisfactory, it may well be useful to consult the next, explanatory stage.

Sentences

1. Boris und Belinda waren offensichtlich hundemüde, ich verabschiedete mich kurz und ging.
2. Sarkasmus ist der Neid, dass man nicht mehr so kann, wie man möchte. ELISABETH WISCHERT
3. Es war heiß, glühend heiß, unter dem Hochofen des Hochsommers flimmerte der Himmel vor Hitze.
4. Viele Fenster des Hauses sind eingeschlagen, der Garten erstickt vor lauter Unkraut.
5. Ich bin gespannt, was aus den beiden wird.
6. Der Besitz besitzt, er macht die Menschen kaum unabhängiger. FRIEDRICH NIETZSCHE
7. Die Welt ist ein Schauplatz: Du kommst, siehst, gehst vorüber. MATTHIAS CLAUDIUS

> “*People who are involved in some practical activity such as teaching languages, translation, or building bridges should probably keep an eye on what's happening in the sciences. But they probably shouldn't take it too seriously because the capacity to carry out practical activities without much conscious awareness of what you're doing is usually far more advanced than scientific knowledge.*”

NOAM CHOMSKY, *Language and Problems of Knowledge.*
Cambridge, Mass.: The MIT Press 1988.

2 Specimen Sentences in English Translation

Sentences

A. Es wurde Abend, die Herden kehrten heim.
Dusk fell: the herds returned home.

B. Der Freisitz war überwuchert, das Treibhaus war längst baufällig.
The patio was overgrown; the greenhouse had long been ramshackle.

B. Wölfe im Schafspelz erkennt man daran, dass sie ungeschoren bleiben. SIMONE SIGNORET
Wolves in sheeps' clothing can be recognized by the fact that they remain unshorn.

C. Politik ist die Wissenschaft davon, wie, wer, was, wann und warum bekommt. SIDNEY HILLMANN
Politics is the science of how who gets what, when and why.

D. Die Ungewissheit, ob sie kommen, beunruhigt uns.
The uncertainty as to whether they are coming is unsettling.

E. Die Hauptprodukte der Region waren: Milch, Butter, Käse, Schweine- und Rindfleisch, Ton, Granit, Zinn.
The major products of the region were milk, butter and cheese; pork and beef; clay, granite and tin.

F. Friede ernährt, Unfriede verzehrt.
Peace feeds, discord bleeds.

Guidelines

1. Correct names for British punctuation marks are:
   a) . = full stop b) : = colon c) ; = semi-colon
   d) - = hyphen e) – = dash
2. It is normally wrong in English to join two main clauses by a comma. Instead, the colon or semi-colon are used.
3. The colon stands for a logical link: it replaces 'therefore' or 'so' (as in A) or introduces an apposition, contrast or list.
4. The semi-colon stands for a less logical link: it replaces 'and' or 'but' – as in B.
5. Before the words 'that' and 'whether' in the sense of 'dass' and 'ob' there is almost never a comma – see C and D.
6. There is no rule whereby British subordinate clauses must be preceded by a comma.
7. The elements of a list are separated by a comma. Between the final two elements of a list there normally stands the word 'and'. Long lists may be further subdivided by the use of semi-colons, as in E.
8. Where there is an anaphoric structure (i.e. the same beginning repeated) or an aphoristic structure, then a mere comma is possible between two main clauses – as in F.

Step 2: Translating the Language of the Theatre

Translation Text

The Text

The text below, by the composer, writer and cabaret artist Hanns Kunz, has been chosen because it contains both several examples of the above point and a wealth of language from the field of the theatre.

Your Task

Translate the text below in its entirety, paying especial attention to punctuation and then compare your version with the master translation on page 165.

Hanns Kunz, „Der Lacher"

Text

Eine todsichere Pointe, die das Publikum zum Lachen bringt, nennt man im Bühnenjargon kurz *Lacher*. Dieser Lacher ist nicht nur auf das Theater beschränkt, sondern gilt bei jeder Veranstaltung mit Publikum, wahrscheinlich auch für Funk und Fernsehen, nur ist da der Lacher nicht zu kontrollieren. Man kann nur hoffen, daß er sitzt.

Das war die notwendige Einleitung. Nun kommt der erste Teil. Es geschah während eines bunten Abends irgendwo in einer kleineren Stadt in Norddeutschland. Im Programm standen eine Menge bekannter Namen, die Vorstellung war ausverkauft. Ein bekannter und beliebter Ansager, Conferencier genannt, führte durch das Programm. Ich hatte die ehrenvolle Aufgabe, die Künstler auf dem Piano zu begleiten. Es herrschte eine herrliche Stimmung. Das Publikum tobte, jede Pointe kam an. Kurz und gut, es war ein wunderbares Arbeiten.

In der Pause sagte ich zu dem Ansager – ich habe manchmal so komische Einfälle – du, mache doch folgendes: Wenn du wieder auf die Bühne gehst, dann halte beide Hände mit gespreizten Fingern gegeneinander und bewege sie so, wie wenn du versuchen würdest, etwas zusammenzuschieben, so wie Kontakte, oder einen Deckel auf eine Dose. Diesen scheinbaren Versuch machst du ein paarmal, und wenn es wieder nicht klappt, dann hebst du die Schultern, die Hände läßt du fallen, guckst ganz enttäuscht und sagst mit viel Betonung: *Demokratie*.

„Das ist doch glatter Blödsinn", sagte da der berühmte Ansager, „aber man kann's ja versuchen."

Die Pause war vorbei, der berühmte Ansager ging auf die Bühne. Da stand er nun im Scheinwerferlicht. Im Saal herrschte erwartungsvolle Stille. Nun begann die Angelegenheit mit dem imaginären Ding, das nicht klappte. Genau in die Stille des Hauses, im richtigen Moment, fiel dann das Wort: *Demokratie*.

So was von Toben, Lachen und Schreien habe ich selten erlebt.

Diese Vorstellung fand an einem Abend im Frühjahr des Jahres 1950 statt. Es war jene Zeit, wo alles Demokratische ziemlich neu war. Man wußte nicht so recht, was denn das wäre, wie und ob denn das klappen sollte.

Nun zum zweiten Teil der Geschichte. Ich leite selber ein Kabarett, und es ist noch nicht lange her, da stand ich auf der kleinen Bühne und wußte plötzlich nichts zu sagen. Da fiel mir der berühmte Ansager ein und der bunte Abend vor achtundzwanzig Jahren.

Inzwischen wissen wir ja alle, was Demokratie ist, wie man das macht, was einen erwartet, wie man damit umgeht und so weiter. Na, ich stelle mich in Positur, mache mit den Händen die Geste, wie wenn ich etwas zusammenstecken wollte und das eben nicht klappt, lasse die Hände sinken, gucke enttäuscht und sage, so wie der berühmte Ansager damals vor achtundzwanzig Jahren: *Demokratie*. Es erfolgte eine Lachexplosion, das Publikum konnte sich gar nicht beruhigen. Ich hatte selten so einen Erfolg, so einen Lacher.

Step 3: Vocabulary Work

The Language of the Theatre

Your Task

Fill in the gaps in the sentences below, choosing the appropriate word from the options listed beneath. The correct answers are to be found on page 167.

1. He didn't enjoy the (Proben) ______, to which the (Öffentlichkeit) ______ was not admitted, but the excitement of the first performance and the applause of the (Publikum) ______ made it all worthwhile.
2. 'We should like seats either in the (Parkett) ______ – but not too near the stage – or in the (ersten Rang) ______, please.'
3. 'Since we're going as a family, why not have a (Loge) ______?
4. Some of the more difficult-to-get (Requisiten) ______ were loaned by local stores: the several fishing rods and hampers, for example, came from a shop for anglers' (Zubehör) ______.
5. He had his foot on the first (Sprosse) ______ of the theatrical ladder from an early age, when he appeared several times for the local repertory company as a (Statist) ______.
6. 'You buy the (Karten) _____ and we'll meet in the (Foyer) _____.'
7. The curtain rose to reveal the interior of a country (Forsthaus) _____, its shining (Parkettboden) _____ reflected in tall mirrors.

Options

audience – box – cards – dress circle – equipment – first rank – first rung – foyer – lodge – mute – parquet (floor) – probes – props – public – rehearsals – requisites – (front) stalls – statist – theatregoers – tickets – vestibule – walk-on-part

21
UNIT

Thought and Belief

Step 1: Translating the Subordinate Clause

1 Trial Sentences

The Problem

The German language contains at least 75 different types of subordinate clause, many of which have very close parallels in English. There remain, however, a good number of cases where there are important differences in form and/or structure to be mastered.

Your Task

Translate the sentences below and then compare your answers with the master versions on page 167. Even if your answers are all in order, it may well be useful to consult the next, explanatory stage.

Sentences

1. Wir suchen Mittel, die Zeit zu vertreiben, ja, sie totzuschlagen, als sei sie unser ärgster Feind. MARIE-LOUISE KASCHNITZ
2. ... die Schule, jenes Exil, in dem der Erwachsene das Kind solange hält, bis es imstande ist, in der Erwachsenenwelt zu leben, ohne zu stören. MARIA MONTESSORI
3. Wie er es seit Jahren zu tun pflegte, spielte er auch an jenem Samstagnachmittag Cricket.
4. Ideen, so sehr sie sich auch von Ereignissen unterscheiden, sind niemals beispiellos. HANNAH ARENDT
5. Etwas muss an einer Gesellschaft nicht stimmen, in der die Männer an Herzinfarkt sterben, während ihre Witwen sich organisieren, um für ihr Recht auf Arbeit zu kämpfen. ALVA MYRDAL
6. Sie wurde häufig von Träumen geplagt, wohingegen er den Schlaf der Gerechten schlief.
7. Vielleicht muss man sehr alt sein, bevor man lernt, sich zu amüsieren, anstatt empört zu sein. PEARL BUCK

> *Und so ist jeder Übersetzer anzusehen, dass er sich als Vermittler dieses allgemein-geistigen Handels bemüht und den Wechselaustausch zu befördern sich zum Geschäft macht. Denn was man auch von der Unzulänglichkeit des Übersetzens sagen mag, so ist und bleibt es doch eines der wichtigsten und würdigsten Geschäfte in dem allgemeinen Weltverkehr.*

J. W. VON GOETHE, *German Romance* (1824).

2 Specimen Sentences in English Translation

Sentences

A. Blumen sind Engel, damit der Mensch nicht ganz vergesse, was absolute Schönheit ist. ZENTA MAURINA
Flowers are angels, so that human beings do not wholly forget what absolute beauty is.

B. Die Tage des benzinbetriebenen Autos sind gezählt, zumal die Ölpreise großen Schwankungen unterworfen sind.
The days of the petrol-driven car are numbered, all the more so because oil prices are subject to large fluctuations.

C. Ohne dass sie den Schlüsseldienst anrufen musste, gelang es ihr, die Tür immer dadurch zu öffnen, dass sie mit einer Hutnadel im Schloss herumstocherte.
She was always able to open the door without having to call the emergency locksmith by waggling a hair-pin around in the lock.

D. Die Männer haben nur deshalb ihre führende Position behaupten können, weil sie durch keine Schwangerschaft behindert worden sind. ANNA MAGNANI
Men have been able to maintain their leading position only because they have not been hindered by any pregnancy.

E. Je mehr Geist du ausströmst, desto mehr strömt er dir zu. BETTINA V. ARNIM
The more intellect you exude, the more it flows back to you.

Guidelines

1. The essential subordinate clauses with which students on this level should be acquainted are:

A. CAUSAL/CONDITIONAL
weil *because*
da *since*
denn *for*
zumal (da) *especially because*
all the more so because
je ... desto/je *the more ... the more*

B. MODAL
indem *by/while + gerund*
ohne dass *without + gerund*
während *while (+ gerund)*
wohingegen *whereas*
als (wenn) *as if*
wie as

C. CONCESSIVE/CONSECUTIVE/FINAL
obwohl *although*
auch wenn *even if*
so + Adj./Adv. (auch) *however...*
um ... zu + Infinitiv *(in order) to*
so dass *so that*
damit *so that*

D. TEMPORAL
als *when*
bevor *before*
nachdem *after*
bis *until*
seit(dem) *(ever) since*
solange *as long as*

2. Note that 'double-up' constructions such as '*deshalb, weil*' or '*dadurch, dass*' become one-word constructions in English, as in C and D.

Step 2: Translating the Language of Thought and Belief

Translation Text

The Text

The two texts below, from Martin Buber's celebrated collection of Chassidic stories, have been chosen since they contain several examples of essential subordinate clauses and a range of vocabulary from the field of thought and belief.

Your Task

Translate the text below in its entirety, paying especial attention to the above issue, and then compare your version with the master translation on page 168.

Martin Buber, „Der Schlaf"

Text

Rabbi Schmelke pflegte, damit sein Lernen nicht allzulange Unterbrechung erleide, nicht anders als sitzend zu schlafen, den Kopf auf dem Arm und zwischen den Fingern ein brennendes Licht, das ihn wecken sollte, sowie die Flamme seine Hand berührte. Als Rabbi Elimelech ihn besuchte und die noch eingesperrte Macht seiner Heiligkeit erkannte, bereitete er ihm sorgsam ein Ruhebett und bewog ihn mit vieler Mühe, sich für ein Weilchen darauf auszustrecken. Dann schloß und verhüllte er das Fenster. Rabbi Schmelke erwachte erst am hellen Morgen. Er merkte, aber es reute ihn nicht, wie lang er geschlafen hatte, denn er empfand eine ungekannte, sonnenhafte Klarheit. Er ging ins Bethaus und betete der Gemeinde vor, wie es sein Brauch war. Der Gemeinde aber erschien es, als hätte sie ihn noch nie gehört; so bezwang und befreite alle die Macht seiner Heiligkeit. Als er den Gesang vom Schilfmeer sprach, mußten sie den Saum ihrer Kaftane raffen, daß ihn die rechts und links sich bäumenden Wellen nicht netzten.

Später sagte Schmelke zu Elimelech: „Jetzt erst habe ich erfahren, daß man Gott auch mit dem Schlafe dienen kann."

Suggestions

der Saum: *the hem*
der Kaftan: *the caftan, kaftan*

„Der Seiltänzer"

Text

Rabbi Chajim von Krosno, ein Schüler des Baalschem, sah einst mit seinen Schülern einem Seiltänzer zu. Er war so tief in den Anblick versunken, daß sie ihn fragten, was es sei, das seine Augen an die törichte Schaustellung banne. „Dieser Mann", antwortete er, „setzt sein Leben aufs Spiel, ich könnte nicht sagen weswegen. Gewiß aber kann er, während er auf dem Seil steht, nicht daran denken, daß er mit seiner Handlung hundert Gulden verdient; denn sowie er dies dächte, würde er abstürzen."

Step 3: Vocabulary Work

The Language of Faith and the Church

Your Task

Fill in the gaps in the text below, choosing the appropriate word from the options listed beneath. Of the words in brackets, only three have 'true friends' in English. The correct answers are to be found on page 169.

The old (Kloster) ______ on the hillside had long been a (gespenstisch) ______ ruin. Some of the (Altarraum) ______ was still standing, however, and further forward a mighty (Kanzel) ______ still clung precariously to a precarious wall.

Once, this had been one of the outposts of (Christenheit) ______, a firm stronghold of (Moral) ______ and of (geistlich) ______ life, a bulwark against the ([das] Gottlose) ______. Here monks had paced the (Kreuzgang) ______, rosary in hand. Here (pathetische) ______ (Messen) ______ had been sung to the (Heilige[n] Geist) ______. Here the (Sündhaften) ______ had found repentance, the despairing a (sinnvoll) ______ life. Here (Christus) ______ had been worshipped in word and deed. Here prayer had been valid.

(Christen) ______ had come from near and far, drawn by the (Schrein) ______ of the (Patron) ______. And many, inspired by the teaching of the monks, had gone out into the world as (Vikare) ______ and (Pfarrer) ______.

But now the (Geist) ______ was gone. (Christentum) ______ was on the retreat. The sea of faith was withdrawing, to be replaced by the tides of tourism. The monastery was now used only for (profan) ______ purposes – sometimes as a theatre, mostly as a museum. The major (Gönner) ______ were now the holidaymakers, the only collection now taken, the entrance fee.

The precarious walls seemed (bemitleidenswert) ______. Or did the story they told have a quite different (Moral) ______ for our world of (Unruhe) ______ and (Unrast) ______?

Options

chancel	grave	morality	shrine
Christ	Holy Ghost	pathetic	sinful
Christendom	Holy Spirit	patron	solemn
Christian	masses	patron saint	spirit
Christianity	meaningful	profane	spiritual
cloister(s)	messes	pulpit	unease
curate	monastery	restlessness	unrest
ghostly	moral	secular	vicar

Revision IV

Step 1: Revision Sentences

The Material

The following sentences allow you to test the knowledge and skills acquired in the foregoing six units. Each sentence contains one or more of the essential points analysed and practised there.

Your Task

Translate the sentences below and then compare your answers with the master answers on page 169. If you find any grave weaknesses in your versions, return to the Unit(s) concerned for a second look.

1. Ist es das Gute selbst an der schlimmsten Zeit, dass sie vergeht, ist eben dies das Schlimme auch an der besten.
   KARLHEINZ DESCHNER
2. Nirgends liest man behaglicher als im Kaminsessel.
3. Auch der Weiseste kann unermesslich viel von Kindern lernen.
   RUDOLF STEINER
4. Je mehr ihm das Leben entglitt, desto mehr wurde er Dichter.
   WILHELM RAABE
5. Das Kind kann sich nicht so frei entwickeln, wie es für ein im Wachstum begriffenes Lebewesen erforderlich wäre, und zwar deshalb, weil der Erwachsene es unterdrückt.
   MARIA MONTESSORI
6. Die damals herrschende Meinung war, dass es erst durch starke Medikation zu lösen sei.
7. Geliebt wirst du einzig, wo du schwach dich zeigen darfst, ohne Stärke zu provozieren. THEODOR W. ADORNO
8. Kaum hatte die Vorlesung angefangen, überkam sie eine nicht mehr zu verleugnende oder zu bekämpfende Müdigkeit.
9. Mein Ideal ist eine langsam arbeitende Demokratie.
   GÜNTER GRASS
10. Die Phantasie ist die schönste oder eine der schönsten Gaben des Dichters, sie darf ebensowenig vergewaltigt werden wie die Historie. RICARDA HUCH
11. Ein Kind ist eine sichtbar gewordene Liebe. NOVALIS
12. Solange ich denken kann, gingen die Uhren immer zu schnell.
    MARIE-LUISE KASCHNITZ
13. Die moderne Demokratie ist eine durch Wahlen und durch die öffentliche Meinung gebilligte Oligarchie. ROLF HALLER
14. Erst nachdem sie sich ein System angelegt hatten, machten sie echte Lernfortschritte.
15. Es ist nicht genug zu wissen, man muss es auch anwenden, es ist nicht genug zu wollen, man muss es auch tun. GOETHE
16. Die Fremdheit des Fremden ist das kostbarste dem Übersetzer anvertraute Gut. WOLFGANG SCHADEWALDT

Step 2: Revision Translation Text

The Text

The text below, a complete newspaper article, has been chosen becauses it contains not only vocabulary and structures from the foregoing six Units but also several of the key points from this book as a whole.

Your Task

Translate the text in its entirety and then compare your version with the master translation on page 170. If you find any grave weaknesses in your version, return to the Unit(s) concerned for a second look. Note the vocabulary suggestions beneath the text.

dpa, „Millionen Jugendliche leiden in den Schulen"

Text

Präsident des Kinderschutzbundes prangert Leistungsklima an/Mehr Angst als Freude

Kritik an der Organisation des Schulalltags hat der Präsident des Deutschen Kinderschutzbundes, der Hamburger Schulpsychologe Professor Walter Bärsch, geübt. Bei einer Veranstaltung der Kieler Woche meinte er am Donnerstag, die Hälfte der Schüler erlebe mehr Angst als Freude in der Schule: „Millionen Kinder und Jugendliche leiden in unseren Schulen."

Jeder vierte Schüler gehört nach Darstellung von Bärsch zu den sogenannten „Schulschwachen" oder „Schulversagern", denen nicht nur der Lernerfolg versagt bleibe, sondern die durch ein einseitiges Leistungsklima an den Schulen zusätzlich in Angst und Opposition getrieben würden. Bärsch, der selbst lange als Lehrer und Schulleiter tätig war, beklagte, daß „nicht der junge Mensch in seiner Ganzheit, sondern allein seine intellektuelle Leistungsfähigkeit im Mittelpunkt der heutigen staatlichen Schulen steht".

An die Stelle von Mitmenschlichkeit sei Hierarchie getreten, statt Hilfestellung für die Schwächeren gebe es Kontrolle, statt Gelassenheit herrsche Verbissenheit, Nichtkönnen werde diffamiert. Dies werde sich erst dann wieder ändern, wenn Staat und Lehrer – so Bärsch – die Schule wieder in den Dienst des Menschen stellten. Eine solche Tendenz sei jedoch bisher nicht sichtbar. Die Schule entwickle sich immer mehr „in Richtung totale Institution", klagte der Präsident des Kinderschutzbundes.

Suggestions

Kinderschutzbund: *Society for the Prevention of Cruelty to Children*
Verbissenheit: *doggedness, grimness*
Mitmenschlichkeit: *human companionship*

Answers and Appendices

Halte deine Übersetzung nie für vollendet.

Karl Dedecius
»Vorsätze für den Eigengebrauch«.
In: *Vom Übersetzen (1986)*

Die im Antwortteil angebotenen Übersetzungen sind nicht als *die* jeweils vollkommene Version zu betrachten. Auch Übersetzungen werden – um ein Bonmot von Valéry umzuwandeln – grundsätzlich nie vollendet, nur aufgegeben.

So wünschenswert es – vielleicht – wäre, jeweils sämtliche mögliche Varianten anzugeben, ist dies aus Platzgründen nicht praktizierbar. Der Antwortteil beschränkt sich folglich darauf, zusätzlich zur *master translation* lediglich nützliche Wortschatzalternativen aufzulisten sowie auf häufige Fehlerquellen aufmerksam zu machen. Die Wortschatzalternativen gelten selbstredend nur für den genannten Zusammenhang. Entsprechendes gilt für die Angaben zu den *false friends*.

Answers

Unit 1

Page 7: The Relative Clause

Trial Sentences

1. The people who never have time do the least.
   Alternative relative: that
2. It is the friends whom one can phone at 4 a.m. who are important.
   Alternative relatives: that or – ('zero option')
3. He who sleeps through half the day gains half of life.
   Alternative relative: that. Alternative form: If you sleep ... then you
4. The Old Cemetery, which most inhabitants do not know about, is the nicest spot in the town, which, however, would probably change if they did come to know it.
   Alternative relatives: no alternatives
5. In his lectures he came back again and again to the rose, the symbolism of which had become an obsession for him.
   Alternative relative: whose symbolism
6. The person of genius is he or she who has eyes for what is in front of his or her nose.
   Alternative relative/form: the one who; the person that
7. Not all that does not glitter is not gold.
   Alternative relative/form: no alternative (because of the play on the proverb 'All that glitters is not gold.')

Page 9: The Language of the Natural World

Text

Karl Freitag, 'The Laurel Tree'
Nobody knew who had planted it. For years it had been stretching its branches over each and everybody who came through the front garden. When the house changed owners, the tree's days were numbered. The new master chopped it down there and then, a hand's breadth above the ground. 'The tree's in my way,' he said. That was in the autumn. In the following spring, small, fresh shoots sprouted from the stump, shoots which within a year developed into a small bush. The man cursed and tore out a good number of the strong shoots. In the autumn he was confined to bed by an illness. Only in the warm March days of the new year did he venture careful steps into the garden. Despite the severe winter the laurel bush had grown a substantial amount. It did have, admittedly, a few yellow, frozen leaves, but it seemed as if the sap still

present in the root stock had made the shoots doubly resistent, for a tall shrub with strong branches was now in leaf by the path.

The man, who was thankful to feel the sun and sensed a new feeling of strength, stood thoughtfully in front of the bush and spoke to himself thus: 'It really was a caprice, a whim, to cut down the tree. During the long period of my illness, when things were not going my way, I was compelled to reflect how much one actually hangs on to life. In my mind's eye I saw the fresh greenery sprouting from the roots – although I had tried to put a halt to the new growth by force. I wished myself the same power to go on living as the felled tree. While I was lying there so poorly I had thoughts for which I have reprehensibly had no time since. The laurel bush has above all taught me one thing: to put up resistance, to face up to all forms of violence, to fight for life resolutely and doggedly, to always foster hope. The shrub no longer gets in my way.'

The man removed the withered leaves, felt how firm the branches were between his fingers and – with a contented smile, which spread right over his face – went back into the house.

Useful Alternatives

kurzerhand: without hesitation, on the spot
fluchen: to swear (swore, sworn)
aufs Lager geworfen werden: to be bed-ridden/confined to bed by
wagen: to risk
vorsichtig: cautious
Einhalt gebieten: to put a stop to
verweilen: to linger
sträflicherweise: culpably, inexcusably

Points to Note

1. Note the backshift in the tense of the verb after 'seit' (line 1) – see Unit 10.
2. The repetition of the substantive in 'shoots which' (line 7) is necessary to ensure that there is no moment or element of doubt concerning what the relative refers to.
3. The comma before 'während' (line 19) is the German 'running comma', which must become a full-stop or (semi-)colon in English translation – see Unit 20.

Pages 10–12: Vocabulary Work

1 The Language of Nature

Sentences

Correct translations revealing the false friends would be:

1. In the *distance* one could see rolling hills covered in **fern**.
2. For the time being she put the *bouquet* into a **bucket** of water.
3. The forest consisted mostly of *Scotch pines* and **firs**.
4. During the War we had **beet** in this *bed*.
5. Exhausted, he leant against the tree-**trunk** and took a deep *draught*.

6. Between the **blades** of grass lay the first, dry autumn *leaves.*
7. The mighty **beam** consisted of a single *tree.*
8. Over there on the **knoll**, where last year we planted so many *tubers*, we will soon see splendid flowers.
9. Under the *elm* a **rooster** was strutting up and down, crowing loudly.
10. The salad consisted to a large extent of *pods* and **shoots**.

2 The Language of the Countryside

True Friends

Of the twenty statements numbers 6 (part I), 9, 13, 14, 15 and 17 are true. The false friends involved in the remainder are:

False Friends

Acker	ploughed field	*Mist*	manure, dung
acre	„Morgen“ (Flächenmaß)	*mist*	(feiner) Nebel, Dunst
Alm	Alpine pasture	*Moor*	fen, bog, swamp
alms	Almosen	*moor*	Hochmoor, Bergheide
Brücke	bridge		
brook	Bach	*Schleuse*	lock
Fell	skin, pelt, fur	*sluice*	kl. Schleusentor; Schleusenkanal
fell	kahler, felsiger Berg		
Herbst	autumn	*See (m.)*	lake, mere
harvest	Ernte	*sea*	Meer
links	on/to the left	*Strom*	river; current
links	Golfplatz	*stream*	Bach
Marschen	marshes, marshland	*Tor*	gate
march(es)	Marken, Grenzgebiet	*tor*	Felsturm
		Torf	peat
Meer	sea	*turf*	Rasensode; Rasenfläche
mere	kleiner See, Weiher		

Unit 2

Page 13: The Translation of '*eigen*'

Trial Sentences

1. For our own mistakes we are moles, for those of others lynxes.
2. An opinion of his own is the wealth of the beggar.
   Or: His own opinion ...
3. Three preconditions of happiness: a room of one's own, one's own circle of friends, one's own objective in life.
   Or: one's own room etc.
4. They laid great emphasis on a flat with its own entrance.
5. I prefer a young person who goes astray on his own path to one who follows the straight and narrow on the paths of others.

6. Who calls? One's own voice! Who answers? Death!
7. She did it off her own bat and at her own risk.
8. With the never-say-die attitude characteristic of her she wanted to fight on nevertheless.

Page 15: The Language of the Human Being

Text

Kurt Tucholsky, 'The Human Being'

The human being has two legs and two convictions: one when things are good and one when things are bad. The latter conviction is called 'religion'.

The human being is a vertebrate and has an immortal soul as well as a motherland, so that he doesn't get too cocky.

The human being is produced in a natural way but considers this to be unnatural and doesn't like talking about it. He is made, but on the other hand not asked if he also wants to be made.

The human being has, beside the urge to procreate and that of eating and drinking, two passions – making a din and not listening. One could virtually define the human being as a creature that never listens. If he is wise he is right not to do so: for he rarely gets to hear anything intelligent.

The human being doesn't grant his species anything. That is why he has invented laws. He's not allowed to: so the others shouldn't either.

In order to rely on a human being it is advisable to sit on him. One is then at least certain for the time being that he won't run away. Some people also rely on character.

The human being is a political creature that likes most to spend its life huddled together in clumps. Each clump hates the other clumps because they are the others and hates its own clumps because they are its own. The latter hatred is known as 'patriotism'.

Every human being has a liver, a spleen, two lungs and a flag; all four organs are vital. There are said to be human beings without a liver, without a spleen and with only one lung; human beings without a flag are not found.

Useful Alternatives

übermütig: high-spirited; insolent
Fortpflanzung: propagation, reproduction
Krach machen: to make a racket, to make a row

Points to Note

1. '*Letztere(r)*' and '*erstere(r)*' or '*diese(r)*' and '*jene(r)*' are 'the latter' and 'the former'.
2. In the case of an apposition after a German colon, as in paragraph four, the preferred English punctuation is often the dash (–).

3. 'eine Lunge': the English approach is that one has two lungs, and can thus lose one in an operation.

Page 16: Vocabulary Work

The Language of the Human Body

True Friends

The four 'true friends' in the exercise are 'corpulent', 'navel', 'pulse' and 'shoulderblade'. The false friends are as below:

False Friends

Achsel	armpit	*Nacken*	nape of neck
axle	(Rad) Achse	*neck*	Hals
Backen-knochen	cheekbone	*Pickel*	spot(s), blackhead(s)
		pickles	Eingepökeltes
backbone	Rückgrat	*plump*	clumsy
Buckel	humpback	*plump*	mollig, vollschlank
buckle	Schnalle, Spange	*Pony*	fringe, AmE. bangs
Gaumen	palate	*ponytail*	Pferdeschwanz
gums	Zahnfleisch	*Rumpf*	trunk, torso
Haare	hair	*rump*	Steiß, Hinterteil
hairs	einzelne Haare; Schamhaare	*Teint*	complexion
		tint	(Haar-) Farbton, Tönung

Unit 3

Page 17: The Definite Article

Trial Sentences

1. Where language ends, music begins.
2. He was not afraid of death, but was afraid of the death of his girlfriend.
3. The printing press in Mainz is responsible for much. The printing press and the book made forgetting easier. The copying machine finished memory off.
4. Most people forget most things; only very few remember everything.
5. They travelled to Switzerland, but no longer found the Switzerland they had come to know forty years earlier.
6. He played the piano and the trumpet and danced the lambada brilliantly.
7. Speculation is drunken philosophy.
8. Even the German language is not as profound as German music.

Page 19: The Language of Human Character

Texts

Lonely Hearts Ads

Queen of the Night Requests Admission to Sarastro's Palace

I should like to spend the rest of my life at the side of a man of esprit and at last devote myself entirely to love, music, Nature and aesthetics.

Graduate, 36/1.76, Ph.D., single, Cath., secure job, agreeable appearance, seeks suitable marital partner.

Pretty, vivacious blonde, grad., Nature-loving, sporting, cosmopolitan, well-versed in matters of cuisine, sensuous, now a woman, now a girl, prefers the little, essential things of life to 2 Porsches in the garage. Looks forward to meeting a self-confident bloke (-38, +175) with bubbly life-style and flexible thought patterns, balanced character, taut bum, sports and enjoyment of life.

25 years young, self-confident and intelligent, now fashionably chic, now sportingly casual – that's Monika, an extremely attractive, young lady from a good background. Accustomed to the continual glances of the male world, she mostly seems somewhat cool in exterior – at the bottom of her heart, however, she yearns for a tender, loving partner on whom she can utterly rely, for that is especially important in this day and age.

Young grad., 34, 180, talkative, open-minded, warm-hearted, with many levels and serious and playful sides, artistic inclinations and interest in current events, seeks a lively and warm-hearted, brainy and sensuous She for a warming and stimulating partnership.

Useful Alternatives

geistreich: witty, of wit, stimulating
Stellung: position
temperamentvoll: ebullient
die heutige Zeit: the present time (at)
selbstsicher: self-assured
sich sehnen: to long for
Neigungen: tendencies
Zeitgeschehen: current affairs

Points to Note

1. 'widmen' and 'sich widmen': It is worth noting the following forms of these much-abused words:
   seine Zeit einer Sache widmen: to devote one's time to sth.
   sich einer Sache widmen: to devote oneself to a cause
   ein Buch einer Person widmen: to dedicate a book to s.o.
2. 'An die ständigen Blicke ... gewöhnt': note that this type of absolute phrase is perfectly possible in English, usually comma'd off.

Pages 20–22: Vocabulary Work

1 The Language of Human Nature

False Friends

The details of the false friends involved in this exercise are as follows:

adrett	neat, smart	*human*	humane
adroit	geschickt, gewandt	*human*	menschlich
		kindlich	child-like
artig	well-behaved/ mannered	*kindly*	gütig, freundlich
		kühn	bold, daring
arty	aufgeputzt, affig	*keen*	eifrig, begeistert
brav	well-behaved; worthy	*lustig*	funny, jolly
		lusty	kräftig, stark u. gesund
brave	mutig, tapfer		
eitel	vain	*mutig*	courageous
idle	träge, faul	*moody*	launisch
famos	splendid, excellent	*rasch*	quick, swift
		rash	vorschnell
famous	berühmt	*rüstig*	active, sprightly
faul	lazy, idle	*rusty*	aus der Übung, rostig
foul	widerlich, ekelhaft		
		schmal	slender
genial	brilliant, of genius	*small*	klein
		selbstbewußt	self-confident
genial	freundlich, herzlich	*self-conscious*	befangen
		sensibel	sensitive
glücklich	happy, content	*sensible*	vernünftig
lucky	glückbringend, -habend	*skrupellos*	unscrupulous
		scrupulous	gewissenhaft
heftig	vehement, impetuous	*streng*	strict
		strong	stark
hefty	kräftig, stämmig	*sympathisch*	likeable
herzig	sweet, delightful	*sympathetic*	einfühlend
hearty	herzlich; brav		

2 The Language of Human Characteristics

Solutions

The solutions to the exercise are: 1G, 2D, 3L, 4C, 5Q, 6O, 7F, 8B, 9J, 10S, 11I, 12H, 13N, 14M, 15E, 16P, 17K, 18R, 19T, 20A. The details of the false friends involved are:

False Friends

bleich	pale	*keusch*	chaste, pure
bleak	finster, traurig	*coy*	schüchtern; spröde
devot	humble, submissive	*kräftig*	strong, robust
devout	fromm, andächtig	*crafty*	listig, schlau

mondän	fashionable, chic	*rank*	slim, slender
mundane	alltäglich	*rank*	übelriechend
offiziös	semi-official	*schlicht*	plain, modest
officious	diensteifrig	*slight*	schmächtig
pünktlich	punctual	*virtuos*	virtuoso
punctilious	penibel	*virtuous*	tugendhaft

3 The Language of Less Pleasant Characteristics

True Friends

Of the sixteen statements, only 10, 13 and 14 are definitely true. The false friends involved in the exercise are:

False Friends

blau	drunk, 'tight'	*Knacks*	(to have) a screw loose, (to be) slightly cracked
blue	schwermütig	*knack*	Kunstgriff, 'Dreh'
deftig (Humor)	earthy	*launisch*	moody
deft	gewandt, geschickt	*loony*	'bekloppt'
fatal (peinlich)	embarrassing	*ordinär*	vulgar
fatal	tödlich	*ordinary*	gewöhnlich
grimmig	grim, ferocious	*plump*	clumsy
grimy	schmutzig, rußig	*plump*	mollig
groß	large, big; tall	*proper*	neat, tidy
gross	roh, grob; feist	*proper*	anständig
kleinlich	petty	*skurril*	bizarre
cleanly	reinlich	*scurrilous*	schlüpfrig
		unsympathisch	unpleasant
		unsympathetic	teilnahmslos, ohne Mitgefühl

Unit 4

Page 23: Translating *'etwas machen lassen'*

Trial Sentences

1. A beggar never shaves. A middle-class man shaves daily. A king has himself shaved twice daily.
2. He quoted Jean Paul: 'One gains more if one has maids do something for one than if one does something for them'!! If he has such attitudes, she said to herself, I'll send him packing.
3. In the five-star hotel she had her pleated skirts ironed and her bootees polished.
4. The rent contract permitted two interpretations. But they had already had the entire flat painted and wall-papered.

5. What a pity! I should have had the book bound earlier.
6. The government let the hunger strikers starve one by one and be carried to their graves as martyrs.
7. Autumn. The trees shed their leaves. People drop their plans for the summer. The ministries let the universities go hang.
8. Man, don't let yourself be hardened in this hard age.

Page 25: The Language of Health and Sickness

Text

Walter Vogt, 'The Gentleman from Montevideo'
The gentleman from Montevideo flies first class to Z. In Z. he makes his way to a professor recommended to him by a friend who fell ill with pneumonia in Z. when on a journey. The gentleman from Montevideo has no ailments. He wishes a thorough examination, a "check-up". He takes his wife along with him to the clinic. He assumes that she likewise needs a "check-up". In Montevideo, the gentleman owns a house and a tobacco plantation in the vicinity of the city. The gentleman gave up smoking twenty years ago. He is afraid of getting lung cancer or heart disease. The professor examines him thoroughly; some specialists are consulted. Each examines the organ which is his speciality. The gentleman from Montevideo enjoys the check-up. The wife of the gentleman from Montevideo lets the examination wash over her with a smile. There's no point in contradicting her husband when he's got a bee in his bonnet. In between times they sit in a café in the town. The coffee in Z. does not taste the same as in Montevideo. They send colour postcards home. They write that they are having themselves examined thoroughly. That they're really enjoying it. That the coffee in Z. tastes different from in Montevideo. The flight was very pleasant. Soon they will return home. They buy souvenirs. The results of all the examinations are completely normal. The lady from Montevideo is in good health. The gentleman from Montevideo is in good health. They are both content. The gentleman from Montevideo settles the bill without even glancing at the individual items on it. He is prepared to pay for his health. Like other people for their illnesses. The gentleman from Montevideo is right.

Useful Alternatives

auf der Durchreise in Z.: when passing through Z.
über sich ergehen lassen: to let sth. pass over one
es hat keinen Sinn: there is no sense (in doing sth.)
einen Blick werfen: to cast a glance (at/over sth.)
ebenfalls: equally
benötigen: to require
beigezogen werden: to be called in

angenehm: agreeable
Andenken (pl.): mementos
Befunde: findings

Points to Note

1. Tense: almost all of the tenses here must be in the English simple present because they refer to events which happen regularly, to events which happen one after the other, or to states – see Unit 9.
2. Care is needed when using the English 'so-called': it can have the meaning of 'angeblich'. In line 6, mere inverted commas are probably enough to render the sense of 'sogenannt'.
3. 'ein krankes Herz': not a 'sick heart' – that might suggest love-sickness or other existential troubles.
4. 'lauter': It is worth noting the following forms:
   lauter Unsinn: utter nonsense
   lauter mieses Wetter: nothing but lousy weather
   vor lauter Freude: for sheer joy

Page 26: Vocabulary Work

1 The Language of Sickness and Health

False Friends

The details of the false friends involved in this exercise are:

Ambulanz	outpatients' dept.	*Rezept*	(Arzt-) prescription; (Koch-) recipe
ambulance	Krankenwagen		
Kranke	patient, invalid		
crank	'Kauz'	*receipt*	Quittung
Präservative	condoms	*Station*	ward
preservatives	Konservierungsmittel	*station*	Bahnhof; Polizeiwache

2 The Language of Pains, Pests and Plagues

True Friends

The three 'true friends' involved in this exercise are 'allergy', 'asthma' and 'virus'. The details of the false friends are as follows:

False Friends

Angina	sore throat, tonsilitis	*Plage*	nuisance, bother
		plague	Pest, Seuche
angina	Herzschmerzen	*psychisch*	psychological
Pein	torment, torture; agony	*psychic*	schwer geisteskrank; übersinnlich
pain	Schmerz	*Stich*	(Sonnen-) sunstroke; (Wespen-) sting; (Mücken-) bite
Pest	plague, pestilence		
pest	Nervensäge, lästiger Mensch; Plage		
		stitch	Seitenstechen

Unit 5

Page 27: Adjective or Adverb?

Trial Sentences

1. He who errs more profoundly also becomes more profoundly wise.
2. All thought is essentially optimistic.
3. He spoke well and sensibly but drily, using language economically. When he spoke publicly he almost always spoke colourlessly and seemed inspid.
4. Our art still seems to me far too conventional. It often expresses very inadequately the feelings that traverse our inner life.
5. She sang in an infinitely melancholy way. Her voice had something specifically Lithuanian about it.
6. 'You've cut the cheese too thick and spread the liver pâté much too thickly.'
7. He frequently smelt unpleasant. Sometimes, he smelt strongly of alcohol.
8. The *gnocchi* tasted marvellously gorgonzola-ish/had a marvellous gorgonzola taste.

Page 29: The Language of Food and Drink

Text

Rafik Schami, 'Other Customs'

In Damascus, every host feels insulted if his guests bring something to eat with them. And no Arab would get the idea of cooking or baking himself if he was invited to dine at someone else's house. The Germans are different. If they are invited to someone's house, they always take something with them. Preserves perhaps, or pickles, sometimes also a homemade cake and, as a rule, noodle salad. Why noodle salad, with peas, little sausages and mayonnaise? Even after twenty-two years in Germany I still consider it terrible.

In Damascus a guest starves himself on the day of the invítation, because he knows that he is facing a trial. He cannot simply maintain that he considers the meal good: he must demonstrate this – that is to say, must polish off vast quantities of it. This often borders on bodily injury, for no excuse is any good. Against the arguments of shy or full guests, or even those with stomach complaints, Arabs always have disarming arguments couched in rhyme at the ready.

Inviting Germans is pleasant. They arrive punctually, eat little and inquire about the recipe. But a good Arab chef simply cannot explain in concise and understandable terms how a dish he has conjured up came into being. He begins with his grandmother and ends with spices none of which is known to anybody because they grow only in his village and no botanist can translate them into German. The cooking time follows customs from the Middle Ages when people had no wrist-watches and pleasurably frittered away the hours. An unimportant-looking paste can, not infrequently, require two days' preparation – and that completely untouched by any modern-day hassle.

German guests not only arrive punctually: they are also precise in their statements. If they say there are five of them coming, then five of them come. And if they really should on some occasion want to bring along a sixth guest, then they phone the host for hours on end beforehand, apologize for the fact and praise the additional person as an angel of good humour and refined taste.

Magnificent as Arabs are as hosts, as guests they are dreadful. They say there are three of them coming at twelve for the midday meal. They arrive at seven in the evening. And in their enthusiasm over the invitation they bring along neighbours, cousins, aunts and sons-in-law. That, however, remains their secret until they are standing at the front door. After all, they want to give their host a special surprise. In Damascus we once counted a procession of 29 people outside our door when my mother had invited her sister so as to have a quiet chat with her after the meal.

An unconsidered Arab proverb says: He who lives for forty days with people becomes one of them. I have been living with the Germans for over twenty years and I can see changes in myself. But the gifts guests bring with them? I have come to accept wine, but noodle salad – never!

Useful Alternatives

schrecklich: horrible, ghastly
Prüfung: ordeal
grenzen an: to verge on
in Reime gefaßt: rhymed
Mitbringsel: a 'little something' brought as a gift

Points to Note

1. 'Idee + kommen': It is worth noting the following forms:
   sie kam auf die Idee: she hit on the idea (of doing sth.)
   es kam ihr plötzlich die Idee: the idea flashed through her mind
   Wie bist du auf die Idee gekommen?: Whatever gave you that idea?
2. 'selbstgebacken': Make certain that you have not made the classic mistake of translating this as *'self-baked'. A *'self-baked cake' would have put itself in the oven.
3. 'arabisch': Note the differing forms: 'Arabic' (language, numbers); 'Arabian' (geographical: 'the Arabian Desert'); 'Arab' (person, customs etc.)
4. 'two days' preparation': Note the apostrophe and its position, marking the genitive plural – the preparation of two days.

Pages 30–32: Vocabulary Work

1 The Language of the Trencherman

True Friends

Of the eighteen statements the following are true: 7 (but only its first half), 13, 14 and 18. The false friends involved in the exercise are:

False Friends

Alkoholika	alcoholic drinks
alcoholics	Alkoholiker
dt. Beefsteak	rissole, Vienna steak
beefsteak	gutes Stück vom Rind
Berliner	doughnut
Berliner	Einwohner Berlins
Bier	beer; ale
bier	(Toten-)Bahre
Butterbohnen	runner beans cooked in butter
butter beans	weiße Bohnenkerne
Keks	biscuit
cakes	Kuchen (pl.)
köstlich	delicious, tasty
costly	teuer; kostbar
Likör	liqueur
liquor	alk. Getränk, Alkohol
Nougat	noisette
nougat	(etwa) türk.Honig
Rosine	raisin
resin	Harz
scharf	spicy
sharp	sauer
Sekt	champagne
sect	Sekte
Speisen	food; dishes
spices	Gewürze
Toast	(Hawaii- usw.) toasted rarebit
toast	geröstete Brotscheibe(n)
Wein	wine
vine	Rebe, Rebstock

2 The Language of Eating Out

True Friends

Of the sixteen statements, only 4, 8 and 12 are true. The false friends involved in the exercise are:

False Friends

Biskuit	sponge cake
biscuit	Keks, Plätzchen
Creme	custard (cream)
cream	Sahne, Rahm
gratinieren	cook *au gratin*
grate	reiben, raspeln
Kartoffelchips	potato crisps
potato chips	Pommes frites
Krabbe	prawn, shrimp
crab	Taschenkrebs
Limone	lime
lemon	Zitrone
Marmelade	jam
marmalade	Marmelade aus Zitrusfrüchten
Menü	meal, dish of the day
menu	Speisekarte
Pastete	pâté, pie
pastry	Blätterteigstückchen
Pudding	blancmange
pudding	süßer Auflauf; Nachtisch
Schellfisch	haddock
shellfish	Meeresfrüchte

Scholle	plaice	*tart*	ungedeckter Obstkuchen
sole	Seezunge		
Torte	gateau, layer-cake; flan		

Revision I

Page 33: Revision Sentences

Sentences

1. The time which is saved by technology is expended on the bureaucrat who organizes it.
2. If you marry art, you get criticism as your mother-in-law.
3. As a child I was let be (so I was well brought up).
4. Literary prizes are politics within literature.
5. When hopelessly surrounded, one should disclose one's identity, like a warship that shows its flag.
6. You cannot throw truth into the fire. Truth is the fire.
7. In difficult times, the past consists of a chain of paradises.
8. He has a swimming-pool of his own but no ideas of his own.
9. The flower is the smile of the plant.
10. Eroticism is the only art form which most people still pursue – the only area in which they move freely.
11. In prison one dreams more vividly of freedom.
12. Praise: a homage which we pay to those achievements which do not match our own but nevertheless resemble them.
13. A fair woman thrusts the enslaved man/her enslaved husband out into the freedom from which he perpetually flees.
14. Organized madness is the greatest power in the world.
15. When the trees slowly but steadily shed their leaves, she would always have a new autumn coat made.
16. That, admittedly, is also true: a completely good person would be of no use at all.

Page 34: Revision Translation Texts

Text

Georg Born, 'She Danced for Just One Winter'

It was summer. On a meadow where the flowers were swaying in the gentle breeze sat a cricket. She was singing. At the nearby edge of the forest an ant was busily hurrying to and fro. It was gathering food for the winter. Thus day followed day. The winter came. The ant withdrew into its dwelling and lived from what it had collected. The carefree cricket, however, had not a bite to eat. In her need she recalled the industrious ant. She went to its house, knocked on the door and asked modestly for a little bit of sustenance. 'What did you do in the summer?' asked the ant inscrutably, for it loved efficiency above all else. 'I sang,' answered the cricket truthfully. 'Very well, then dance!' answered the ant spitefully and closed the door. The cricket began to dance. Since she danced well, she was taken on by the ballet. She danced for just one winter and was then able to buy herself a house in the South, where she could sing the whole year through.

Moral: A good piece of advice is often worth more than a slice of bread.

Useful Alternatives

boshaft (adv.): maliciously
engagieren: to employ, to hire

Text

Werner Fuld, 'When the Young Lord Alfred Douglas ...'
When the young Lord Alfred Douglas first tried to visit Oscar Wilde, he was not shown in; on the instructions of the haughty writer, the valet dismissed him after a twenty-minute wait with the words, 'Your Lordship has forgotten his visiting card.' Furious, Douglas answered, 'I will have it collected!' Oscar Wilde, who had eavesdropped from behind the door, was so captivated by this riposte that he caught up with the Lord at the entrance porch, thus ruining both their lives.

Useful Alternatives

auf Anweisung von: at the order of
hochmütig: arrogant, supercilious
Kammerdiener: manservant
wütend: fuming (with rage)
entzückt: enchanted, enraptured
Replik: reply

Points to Note

1. 'furious,': English allows two possibilities here: 'furious,' comma'd off from the subject, remains in adjective form; alternatively, 'furiously Douglas answered' is the adverbial form, with no commas.
2. 'thus ruining': The gerund is an elegant alternative to the equally possible 'and thus ruined'.

Unit 6

Page 35: The Translation of *'man'*

Trial Sentences

1. One must know something in order to be able to hide the fact that one knows nothing.
2. The earth is our mother and your mother you do not kill.
3. Where they burn books, they later burn people too.
4. English is spoken the whole world over – or so they say, at least.
5. You only live twice. – You only live once. – You don't even live once.
6. How was it yesterday in the talk show? — Oh, they talked and talked.

7. The more you arm for war, the farther you move away from peace.

Page 37: The Language of House and Home

Text

Peter Bichsel, 'Storeys'

Provisionally, one can imagine a building, a building with three storeys, with a staircase which connects and separates them and with a tiled roof – a building on a street, squeezed in between others on expensive land, its windows facing the street and its entrance in the back courtyard.

No-one would live on the ground floor. No-one has ever been seen on the ground floor. On the ground floor you find the same brown door, cracked varnish, opaque panes and blue-striped curtains. Perhaps no-one lives on the ground floor.

First floor: brown door, cracked varnish, opaque glass. Here somebody does live.

Second floor: somebody lives here too.

And on the third floor somebody lives.

If some-one moves out, some-one moves in. On the first day one can smell it, can smell the preference for garlic or the oily smell of the mechanic or the sawdust of the carpenter, later perhaps the nappy smell of the little ones, but then, as early as the third day, the smell is part of the building and it is again the building with the three storeys.

On the second floor somebody is again living.

The name-plates on the door are changed.

A telephone mechanic opens the little box downstairs in the lobby, changes the connection and swears and changes it again and goes.

Perhaps some-one does live on the ground floor after all.

In spring, on 4 April for example, the sun casts a pattern onto the stairs between the second and third floor. It is the same pattern as last year.

The little girl from the third floor knocks on the door on the second floor and asks the woman politely and shyly whether she can have the ball which has fallen from the third floor onto the balcony of the second.

The loft is subdivided by slats; each storey has a compartment; each compartment is secured by a padlock; certainly here old mattresses, photo albums, diaries and mirrors are also stored.

Every two weeks, somebody sweeps the loft.

Customarily, door-to-door salesmen ring first on the top floor. After they have asked whether anyone lives higher up, they go down and ring on the second floor, then on the first floor, then on

the ground floor. Hope makes climbing stairs easier and when one is disappointed one can only go down. Door-to-door salesmen have to do with buildings.
Foresters have to do with forests. Women have to do with waiting. Buildings are buildings.

Useful Alternatives

hineingezwängt: wedged in
gegen die Straße gerichtet: looking out over the street
Milchglas: frosted glass
Vorliebe: liking; (*ausgeprägt*) predilection
Dachboden: loft
Hausierer: pedlar

Points to Note

'Haus': This is probably not a 'house', since the British word refers to what is, or was originally built as, a house for one family.
'mit vier Stockwerken': probably 'with three storeys', since in Britain the ground floor does not usually count.
'in spring': Seasons are not capitalized unless a particular case is in question – for example, ' the momentous Spring of 1945'.
'gehören zu': 'Belong to' can normally be used only when possession is involved. Note the following forms:
die Katze gehört zu unserer Straße: the cat is part of our street
er gehört zu den besten Spielern: he is one of the best players
present tenses: Note that the text contains good examples of when to use a) simple present b) present continuous c) the 'does live' form.

Page 38: Vocabulary Work

The Language of Buildings

False Friends

Details of the false friends involved here are as follows:

Baracke	hut, ramshackle building
barracks	Kaserne
Blitz	lightning
blitz (or: Blitz)	dt. Bombenangriffe auf brit. Städte (insbes. London)
demolieren	damage, break, vandalize
demolish	abreißen
Lager	storehouse
lager	leichtes Bier
Lokal	pub; eating place
local	Stammkneipe
Mansarde	attic, garret
mansard	Mansardendach
Messe	trade fair
mess	Offizierskasino
Rathaus	town hall
council house	Sozialwohnung
Stadthalle	municipal hall
town hall	Rathaus

Unit 7

Page 39: The Use of the Definite Article in Proper Names

Trial Sentences

1. Beside the Thames people grow up differently from beside the Spree, the Limmat or the Inn.
2. Fort William, on the south-east bank of Loch Linnhe, is dominated by the mighty Ben Nevis.
3. In the eighteenth century already Oxford Street became a popular shopping avenue in the West End of London.
4. From Tower Bridge one enjoys a magnificent panorama view over the former and present-day Docklands.
5. 'Honey, should we stay in the 'Ritz' this time, or just in the 'Mayfair Palace'?'
6. At the very top of their list were the House of Commons, the Tate Gallery and the Bank of England Museum.
7. Great Britain was a founding member of NATO as early as 1949, but joined the EEC only in 1973.

Page 41: The Language oi the Town

Text

Axel Patitz, 'Edinburgh'

In Edinburgh (405,000 inhab.) Scotland has a distinguished and extremely handsome capital. In the United Kingdom, only London attracts more visitors, and it can undoubtedly be considered an advantage that Edinburgh (pronounced 'Edinborough') is more intimate and easier to know. The natural centre, rising up above and dominating the city, is Castle Hill with the Old Town – a hill which can be described as the cradle of the Scottish nation. In the development of the cityscape, hills and valleys have produced a highly diversified silhouette. Castle Hill and Princes Street are the two poles, separated by the natural valley basin of the one-mile-long Princes Street Gardens.

Edinburgh Castle, with its walls and tight-packed buildings, is almost a town in itself. With the Royal Mile, the succession of mediaeval streets leading down to the Palace of Holyrood House, it is the counter-pole to the New Town beyond Princes Street. This New Town is also some 230 years old. In its magnificent architectural unity of elegant houses on streets as straight as a die, crescents, broad squares and parks, it is a perfect example of the town-planning of the age. As a festival town, Edinburgh enjoys an international reputation. Yet Scottish visitors are in the majority, so that the local colour is not diluted as much as might be expected.

Princes Street is the main shopping street. Here are specialized stores such as Hector Russel, Kiltmaker, British Home Stores and the Jenners department store. At the upper end, by Waverley Station, the subterranean Waverley Shopping Centre with some sixty shops and several restaurants has been built. In Rose Street (a pedestrian precinct) running parallel to Princes Street there are many small shops. Things typically Scottish, from arts and crafts through fashion to food and drink, are concentrated on the Royal Mile and in the streets around the Grassmarket.

Useful Alternatives

schön: beautiful, attractive
bedeutend: eminent, oustanding
übersichtlich: easy to survey
abwechslungsreich: varied
bis hinab zur: running down to
schnurgerade: dead-straight

Points to Note

1. 'der beherrschend über der Stadt aufragende': for this essential structure see Unit 16
2. 'halbkreisförmige Crescents': Since the British reader is aware of the shape of crescents, the adjective is probably superfluous.
3. 'things Scottish': This still quite common construction is one of the relatively few examples of a postpositive adjective in modern English.

Page 42: Vocabulary Work

The Language of Downtown

True Friends

The six 'true friends' involved in this exercise are 'delicatessen', 'gallery', 'guest-house', 'market', 'red-light area' and 'zebra crossing'. The details of the remaining false friends are as follows:

False Friends

Allee	avenue
alley	Gasse
Busstation	bus-stop
bus-station	Busbahnhof
City	city centre
city	Großstadt
Dom	cathedral
dome	Kuppeldach
Fabrik	factory
fabric	Stoff, Gewebe
Gully	drain
gully	schmale Schlucht
Kanalisation	sewerage system
canalization	Kanalisierung
Konkurs	bankruptcy
concourse	Passage
Passage	concourse, mall
passage	schmale Gasse
Pflaster	cobblestones
plaster	Gips
Platz	square
place	Ort
Residenzstadt	town with a royal court
town of residence	Wohnort
Stadium	stage
stadium	Stadion
Trafik (Austr.)	tobacconist's
traffic	Verkehr
Unternehmen	company
undertaking	Unterfangen
Warenhaus	dept store
warehouse	Lagerhaus

Unit 8

Page 43: The English Continuous Tense

Trial Sentences

1. We are now in a situation where what belongs together is again growing together.
2. What are you doing after Christmas? Is your old man financing a nice brief holiday on the Maldives? Or are you just flying to Calgary to go skiing?
3. What man is (like), history tells him. Or (non-sexist version): What human beings are (like), history tells us.
4. While she was cycling to university in the morning in icy conditions, she skidded at a street corner and got bruised.
5. 'Where are you living at present? And where do you come from? I mean, where do your parents live?'
6. She eats an amazing amount of müsli. Every morning she mixes herself a bowl. In the morning when her müsli steams, then at last her face just beams.
7. This professor gives me more headaches than insight. He is forever talking in high-faluting foreign words.

Page 45: The Language of Travel

Text

Hansjörg Schneider, 'In Praise of the Bicycle'

The bicycle is the most sensible invention of the last 100 years. It doesn't eat hay. It gleams. You can ride on it through the town and the countryside. You can drink quite a bit of beer and lean on your bike on the way home. There are no parking problems. You can leave it anywhere. The bicycle makes no noise and doesn't stink. If you are riding on it through the town, you can whistle loudly or sing. That not only makes you happy, but infects other people too.

The Vietnamese won the war against the USA thanks to the bike. Every Chinese father rides a bike.

Ferdi Kübler, the greatest Swiss, was a racing cyclist.

Off you go, Ferdi! And Ferdi zooms off over the Gotthard, crouched over his handlebars.

On your bike you can transport a basket of apples or a girl. If someone is in your way you can ring your bell.

Most car-drivers hoot when someone is in their way. If the person who is in their way doesn't get out of their way, they run him over. A car runs over human beings: a bike does not. A car kills, makes a din and stinks: a bike does not. From your bike you wave and shout 'Hi': from inside your car, you clench your fist and shout 'Arsehole'. The car is small but yours: the bike is open and belongs to everyone. Like the Indian, the bike is facing extinction. We must come to its aid.

With a car, the manufacturer earns 1,000 Swiss Francs, with a bike only fifty. From the car the petrol-sellers earn their week-end houses, their motor boats on the lake and their powerful voice on the local council. From the bike they earn nothing.

In the car, everyone becomes a petty bourgeois. Here I come, go away! On a bike you become a free person. The car has the last four walls that the petty bourgeois owns. His flat does not belong to him, his job does not belong to him, the park in which he takes a walk does not belong to him – nothing belongs to him except his car. That is why he defends his old banger to the utmost.

On your bike, you are a nomad. You can move freely and have no need of four walls. (gekürzt)

Useful Alternatives

sinnvoll: ingenious
abstellen: to put
hupen: to sound the horn
am Aussterben sein: to be dying out
gewichtig: weighty

Points to Note

1. 'fahren': It is useful to remember the following forms:
   Fahrrad: to ride (on) *Mofa/Motorrad*: to ride (on)
   Bus, Zug/U-Bahn: to go/travel by *Auto*: to drive (in), go (by)
2. 'klein aber dein': this (double) play on words seems impossible in English. Perhaps 'fine but thine' comes closest to it.
3. 'gewichtige Stimme': It is useful to note the following forms:
   eine Stimme abgeben: to cast a vote
   eine mächtige Stimme in den Räten der Welt: a powerful voice in the world's councils
   die Stimme des Gewissens: the voice of conscience

Page 46: The Language of Travel

The Language of the Road

True Friends

The three true friends in this exercise are 'astrolabe', 'steering' and 'tractor'. The details of the false friends involved are as follows:

False Frends

Benzin	petrol, AmE. gas	*oldtimer*	'alter Hase'
benzine	Fleckentferner	*Plane*	awning, tarpaulin
Blinker	indicator		
blinker	Scheuklappe	*plane*	Flugzeug
Katalysator	catalytic convertor	*Straße*	road; street
catalyst	Katalysator (Chemie)	*street*	Straße (in built-up area)
Oldtimer	veteran/vintage car	*Tachometer*	speedometer
		tachometer	Rotationsmesser

tanken	to fill up	*überholen*	overtake
tank	entlangdüsen	*overhaul*	(Auto) warten
Technik	technology	*Vehikel*	old jaloppy
technique	Verfahren	*vehicle*	Fahrzeug
trampen	to hitch-hike	*wandern*	to hike
tramp	stapfen	*wander*	umherirren

Unit 9

Page 47: Simple Past or Present Perfect?

Trial Sentences

1. Luther shook Germany – but Sir Francis Drake calmed it down again. He gave us the potato.
2. In reality I went to England in order to learn how to write German.
3. Have you read *War and Peace*? – No, I did begin it last year, but I wasn't able to finish it. Last week, however, I did finally see the Russian film version.
4. Never have I seen such twits north of the Alps!
5. 'Grim, very grim. Recently we have had a few nasty surprises.'
6. 'Have you heard? Our centre forward has broken his leg! Now we haven't got a chance. We'll get the wooden spoon.'
7. Have you never been in the *Englischer Garten*? – Sure, but not as often as in the *Alte Pinakothek* or the *Lenbachhaus*!
   Or: Were you never in/Did you never go to – depending on whether the person's period in Munich is viewed as over or not.

Page 49: The Language of Time

Text

Frau B. S., Letter to Her Foster-Daughter

Koblenz, 6 July 1956

Dear Dorothea,

Today is your fourteenth birthday. You'll be surprised to find a letter from me beside your birthday cake.

Sit yourself down quietly. I've got a lot to tell you.

You're living with your Mummy and Daddy, and you've had a lovely childhood with us, safe and untroubled. But, dear child, you did not belong to us from the beginning. It wasn't me who gave birth to you but another woman. I know how terrible this piece of news is for you.

Now I'll tell you about your life in the order that it happened.

You were born in Königsberg in 1942. In 1943, your father was killed at Stalingrad. In 1944 your mother began to flee with you to the West. Then, at a small railway station you were separated from her. Your mother was about to get into the carriage of a refugee train with you. When she handed you in, the train began to move and she was pushed back. I, who was likewise on the train, took you into my care. Never will I forget how your mother cried out for you in despair! When I settled with my husband in West Germany, we tried in vain to find your mother's whereabouts. In fact we were even told she had died during her attempt to flee. So we decided to look on you as our child and to bring you up. I had almost forgotten that it was not I who gave birth to you. We loved you as if you were our child. And we know how happy and content you were with us for all those years – twelve years on end.

Now we have been informed that your mother is alive. She too tried to find her child again and actually found her way to us. The day before yesterday she was standing on our door-step. Now she would like to have you back. We understand how she feels: she has been through a lot.

You can understand how we feel. I couldn't have said all this to you and so I wrote this letter.

My dear, dear girl, you must be very brave now, because we don't know how things will turn out.

Your Mummy

Useful Alternatives

uns gehören: to be ours
in Geborgenheit: sheltered
er fiel: he was killed in action
der Reihe nach: from the beginning, in chronological order
sich annehmen: to look after, take care of, accept responsibility for
ja: indeed
vorgestern: two days ago
tapfer: courageous

Points to Note

1. It is important to note that some tenses in this text could be either simple past or present perfect, depending on aspect. The alternative tenses would be: 'you had a lovely childhood', 'how happy you have been'.
2. 'eine schöne Kindheit': This is a good example of the many cases where 'schön' can hardly be translated as 'beautiful'.
3. 'Nachricht': It is useful to note the following forms (and the grammar) of this problematic word:
   eine schreckliche Nachricht: a terrible piece/bit of news
   die Nachrichten sind schlecht: the news is bad
4. 'Schicksal': Quite often, neither 'fate' (negative) nor 'destiny' (positive) is the correct translation. Note the forms:
   das Schicksal herausfordern: to tempt providence
   Schicksal!: Can't be helped! That's the way the cookie crumbled.

Pages 50-52: Vocabulary Work

1 The Language of Time and History

True Friends

The six true statements are 6, 10, 13, 16, 20, and 21. The details of the false friends involved are:

False Friends

Aktualität	topicality	*Fete*	party
actuality	Wirklichkeit	*fête*	Wohltätigkeits-veranstaltung
aktuell	topical; up-to-date	*halb acht*	half (past) 7
actual	wirklich	*half eight*	halb neun
alltäglich	everyday	*Jubiläum*	anniversary
all-day	ganztägig	*jubilee*	königl. Jubiläum
altern	to age, grow old	*Mittelalter*	Middle Ages
alter	leicht verändern	*middle age*	mittleres Alter
am anderen Tag	the day after	*mittelalterlich*	mediaeval
		middle aged	mittleren Alters
the other day	neulich	*momentan*	at present
Antiquität	antique	*momentarily*	flüchtig
antiquity	Antike	*Partie*	game, match
eventuell	perhaps, maybe	*party*	Fete
eventually	schließlich	*Termin*	appointment
Fest	festival	*term*	Trimester
feast	Festessen, -gelage		

2 The Language of Human Life in Time

True Friends

The seven 'true friends' in the exercise are: 'to get one's fingers burned', 'to take French leave', 'the penny has dropped', 'the cock of the walk', 'to go to the dogs', 'to take in tow', 'to have a screw loose'. The details of the false friends remaining are as follows:

False Friends

jdm ein Bein stellen	to trip s.o. up
to give s.o. a leg-up	jdm. unter die Arme greifen
über den Berg sein	to be out of the wood
to be over the hill	auf einem absteigenden Ast sein
auf den Busch klopfen	to boast, brag
to beat about the bush	um den heißen Brei herum reden
der rote Faden	the thread
the red tape	Bürokratie, 'Papierkrieg'
auf tönernen Füßen stehen	to have no leg to stand on
to have feet of clay	feige sein
ins Gras beißen	to kick the bucket
to bite the carpet	wütend sein

Konsequenzen ziehen	to draw conclusions
to take the consequences	die Folgen tragen
eine Lanze brechen für jdn.	to leap into the breach for s.o.
to break a lance with s.o.	sich auseinandersetzen mit jdm.
an der Nase herumführen	to lead up the garden path
to lead by the nose	gängeln
Ich pfeif dir was	you can whistle for it
put that in your pipe and smoke it	versuch, damit fertig zu werden!
zu Potte kommen	to finish sth
to go to pot	kaputt gehen
am Rande sein	to be at the end of one's tether
to be on edge	total hippelig sein
to be (all) at sea	völlig durcheinander sein
auf hoher See sein	to be on the high seas
der Strohmann	the decoy
the man of straw	der Mensch ohne Rückgrat
der letzte Strohhalm	the last hope
the last straw	der Tropfen, der das Faß zum Überlaufen bringt
aufs Tapet bringen	to discuss
to carpet	jdm eine Standpauke erteilen
hart am Wind segeln	to sail close-hauled
to sail close to the wind	am Rande der Legalität sein

Unit 10

Page 53: Constructions with *'seit'/'seitdem'*

Trial Sentences

1. For years the arms dealers have been supplying him with weapons.
2. The first shot could unleash the biggest bloodbath since the Second World War.
3. Since when have you been a militant non-smoker? – I've been a non-smoker for years. I've been militant since I came to know you. You smoke like a chimney!
4. For centuries the ruined castle had stood on the hill ridge. For decades it had been attracting tourists into the region.
5. Why have I, for as long as I can remember, been unable to look some people in the face? – Because I have known, for as long as I can remember, that they are not people of good will.
6. He's been away for three weeks now, and still no letter!
7. At last! I've been waiting for three quarters of an hour!

Page 55: The Language of Student Life

Text

Martina Keller, 'Everything is Really Bad'

At Gießen University, where there has been unrest for quite some time, the freshers have triggered off the biggest protest for nine years. In courses of study for prospective teachers, the seminars are bursting at the seams; many libraries are at best of antiquarian value; even for periodicals money is often lacking. In the natural sciences the equipment is out-dated; some buildings are so in need of repair that the rain comes in through the roof.

Now the students have occupied seventeen out of twenty faculties and have barricaded the buildings. Fellow students from other universities are following suit. In Frankfurt and Marburg the students are up in arms and several polytechnics have joined them. A region-wide demonstration in Wiesbaden a week ago on Wednesday was attended by ten thousand.

Most academics are wellnigh grateful for the strike, above all the University President. This year alone he has had to save more than seven million Marks (£2.3m) on staff. 'At last something is happening. It was high time this protest took place.'

A professor of English Studies is reminded by the strike of his own student days. The one-time 68er would, one feels, most like to take things into his own hands. At least, he disagrees vehemently when, on the fringe of a General Students' Meeting, a twenty-two-year-old woman student of English calls for protests without a boycott of courses. 'The blockading of seminars is important to give the strike some clout.' The professor, who in his day 'sat on the streets' and believed in 'another country', is enthusiastic that 'for the first time for many years something is being carried through to its logical conclusion.'

The *Kanzler* (administrative head) of the University hopes that the protest will have some effect. In the regional parliaments and governments, he argues, a fundamental discussion must begin as to 'whether we can afford to neglect the brains of the young generation to this extent.'

Useful Alternatives

Erstsemester: first-year (student)
auslösen: to spark off, start off
Zeitschrift: (learned) journal
marode: out of repair, run-down
es jdm. nachmachen: to follow s.o.'s lead
sparen: to make economies
am Rand: on the sidelines, edge

Points to Note

1. Punctuation: The first paragraph contains several examples of the German 'running comma' – see Unit 20.
2. 'landesweit': The words 'Land' and 'land-' are problematic for the translator since they do not (yet) have clear equivalents in English. The adjective 'region-wide', parallel to 'nation-wide', is perhaps suitable.

3. 'Kanzler': This post has no exact equivalent at British universities. In such cases it is permissible and advisable to retain the German word (in italics) and to offer in brackets a brief English paraphrase.
4. 'Der Professor, der': make certain you have punctuated this non-defining relative clause correctly – see Unit 1.
5. Note the translation of the reported speech in the final paragraph – see Unit 14.

Pages 56–58: Vocabulary Work

1 The Language of a Student's Progress

Solutions

The correct answers are, in order: grammar school – grade – studies – universities – conclude – distinction – trainee teacher – promotion – senior master – headmaster – university graduates – teachers – grammar school teachers – second year – doctorate – Department – Sixth Form

False Friends

The details of the false friends involved in the exercise are as follows:

absolvieren	conclude	*Prädikat (-sexamen)*	distinction
absolve	lossprechen von	*predicate*	Prädikat (gramm.)
Akademiker	univ. graduate	*Prima*	Sixth Form
academic	Hochschullehrer, -dozent	*prime*	beste Jahre
Direktor	headmaster	*Promotion*	doctorate, doctoral degree
director	Firmenchef	*promotion*	Beförderung
Gymnasium	grammar school	*Referendar*	trainee, teacher
gymnasium	Turn-, Sporthalle	*reverend*	Geistlicher
Gymnasiallehrer	grammar school teacher	*sechste Klasse*	2nd year
gym teacher	Sportlehrer	*Sixth Form*	Prima
Hochschule	university, college	*Seminar*	seminar
high school	Gymnasium	*seminary*	Priesterseminar
Note	grade, mark	*St.Dir.*	senior teacher
note	Notiz	*Director of Studies*	akad. Berater an engl. Uni.
Pädagoge	teacher	*Studium*	studies
pedagogue	altmodischer Lehrer	*study*	Arbeitszimmer

Solutions

The correct answers are, in order: wand – stove – sofa – stool – comfort – bedecked – tapestry – pot – tray – lace curtains – conveniences – oven – mixer – refectory – washing machines – wall-paper – loud – covered – caretaker – chairs – couch – tins – walls – paper-thin – noisy – pot-warmer – hair-dryer

False Friends

The details of the false friends involved are as follows:

bedeckt	covered
bedecked	geschmückt
Dose	tin, can
dose	Dosis
Fön	hair-dryer
föhn	Föhn
Hausmeister	caretaker
house master	Hausleiter in brit. Internat
Kanne	pot
can	Dose
Komfort	modern conveniences
comfort	Behaglichkeit
laut	noisy
loud	penetrant, grell
Mensa	refectory
Mensa	Verein für Hochbegabte
Ofen	stove
oven	Herd; Backrohr
penetrant	loud, intrusive
penetrating	scharfsinnig
Stuhl	chair
stool	Schemel
Store	lace curtain
store	Laden; Warenhaus
Stövchen	pot-warmer
stove	Ofen
Tablett	tray
tablet	Tablette; Schreibtafel
Tapete	wall-paper
tapestry	Wandteppich
Wand	wall
wand	Zauberstab

Revision II

Page 59: Revision Sentences

Sentences

1. When the train arrived in Philippenthal, an unsteady rain was falling.
2. Of course one must read what one does not understand – in order to understand what one can read.
3. The philistine to his spouse: 'Did Picasso really paint this picture? I have produced better pictures myself.'
4. For years the mansion had been standing empty.
5. In Glasgow we visited the Museum of Modern Art, the City Chambers on George Square, the Glasgow School of Art behind Sauciehall Street and of course the University, towering up over Kelvingrove Park.

6. While one is listening to music, one often has the best ideas – or so they say at least.
7. 'Since when have you been feeling not so good?' – 'For some time now. For two hours. Now I come to think of it: since the canteen.'
8. Germany at least needed a world war to arrive at such ghastly towns as Frankfurt. The Swiss have managed it in peacetime.'
9. I know there is a price to be paid for freedom, but I can't say that I like paying it.
10. What has the present government done to overcome the reform log-jam?
11. When I drink wine, I understand former centuries.
12. Great Britain, a former empire, has become an off-shore island of Europe.
13. German Romanticism presented the world with a solution from the consequences of which we are still suffering. Or: ... from whose ...
14. 'Since when have you been here?' – 'I've only just come in.'
15. Wise and discerning people have been dead for many centuries and their names are forgotten. Drunkards, however, have, since time immemorial, left an echo which cannot be ignored.

Page 60: Revision Translation Text

Text

Sibylle Berg, 'TOM Sits on the Piazza'

If this is what life is like, then it should never stop. The sun. A small harbour. Portofino. In the hotel room Nora is lying. It is very early. The whole night we were unable to sleep. We were so excited. Because of love. It's love. With me it has become much clearer and stronger since she ran away and I found her again. When I was driving about to look for her, it became clear to me how much I love her. Although she is so young and so difficult. To today I don't know why she ran away. It doesn't matter anyway. I love Nora. She is so young and so clean, somehow. Not like the other women whom I was together with and who always made me become really small. I love Nora because she is so different from those women, because I can protect her. I'm in love, I'm in love. Isn't it marvellous to say something like that. Isn't it the most marvellous thing of all? Isn't everything else just dirt in comparison?

And now I'm sitting in the sun. Am drinking coffee and looking at the harbour. The mountains. There are a few boats lying in the harbour. And up there she is lying. I don't know what one does with so much happiness inside one. It's so strong because at present I'm alone. And yet precisely not. If Nora were here now, I'd have to touch her. Without stopping. To feel that she is real. That would be brilliant. But then I wouldn't be so much with myself. I'm drinking the coffee. The sun is getting stronger and the goose pimples on my bare legs are disappearing. My skin is getting really warm and in my head I'm a bit tired. I'm drinking coffee. And could burst with happiness. Zap-splat-intestines out onto the piazza. The piazza's made of flagstones and there the GUTS lie about. There shops are opening and people are going shopping. I never want to go away from here again. Never not away. Things should stay as they are. Nora also should stay. She is the woman with whom I can walk along by shopwindows at Christmas time. To see the railway. She will hold on to me and lick away my tears.

Useful Alternatives

aufhören: to cease
so aufgeregt: in such a flutter
festhalten: hold tight

Points to Note

1. 'Gänsehaut': 'Goose pimples' tend to come from the cold, 'goose flesh' from fear.
2. 'platzen': It is worth noting the following forms:
   vor Wut platzen: to explode with rage
   sie platzte ins Zimmer: she burst into the room
   die Pläne platzten: the plans fell through

Unit 11

Page 61: Translating Flavour Particles

Trial Sentences

1. The very appearance of the ferry, run-down as it was, made one mistrustful.
2. You were right after all. One really does learn something new every day.
3. What an irony of fate! Life really is cruel sometimes.
4. She was cheerful, indeed exuberant.
5. For sure, I'd admit my mistakes if I had any.
6. Do be careful! Whatever you do, don't tell your granny! After all, you know how she is sometimes!
7. Hasn't he handed in a decent paper? – Well yes, but ...
8. I can certainly try, but I doubt very much whether it will work. – Oh, it'll come off.

Page 63: The Language of Employment

Text

Regina Urban, 'Rosy Prospects'
12 June Today was my birthday. I've received a lot of presents. I

think they all want me to move out. But, after all, I've only just turned 18! I suppose they think that I want to move out as soon as I've finished my apprenticeship. But I don't want to at all! Or perhaps I do? Maybe! Live alone? Come home when I want, bring along whom I want, eat what I want. Then I don't need to listen to my parents' blah-blahing any more either. There's something to be said for it. I'll think it over.

23 July Today I had a farewell party at the firm; it was brilliant, actually. I've sent off a load of applications, but have still received no acceptance. It's so awful when one gets a rejection. Everyone stands around me expecting that it's worked out. If again there's been nothing doing and I've got a rejection, they're sorry for me. 'Don't worry about it! The next letter's bound to be an acceptance.' Or, 'Something'll turn up. After all, you've still got your parents. They'll still help you, after all.'

Today I eavesdropped on a conversation between Mum and Dad. They want to turn my room into a dining room and are already making exact plans as to which wallpapers and furniture they need. They are counting on me soon moving out. I'm sure they just want to be alone. But I just can't move out yet.

15 September Today I have again sent off applications. I've written how much I'd like to practice the job I've learned. And it's true, too! I've now studied for three years to practise a profession in which I can help other people. Many people need help but I can't give it.

20 September Today I was at the Job Centre. They want to give me an aptitude test to see what job suits me best and so on. At first I told them that I'd done an apprenticeship and that I enjoy this profession. They're nuts! Why on earth did I do an apprenticeship for three years? Surely not to learn something new again! Crazy! Then they told me again that there are no jobs and that I will only get a low unemployment benefit. Mum and Dad almost went spare.

Useful Alternatives

es sich überlegen: to consider it
Eignungstest: suitability test
eine Menge: a pile of, a heap of
bescheuert: loony, bonkers
durchdrehen: to go round the bend, go bananas

Points to Note

1. 'dass'-clauses: For help with such clauses here, see Unit 13.
2. 'dabei': The several possible meanings of 'dabei' make it especially problematic for the translator. It is worth noting the following forms:
   dabei sein, etwas zu tun: to be in the act/on the point of doing sth
   sie geigte und sang dabei: .. and sang at the same time
   altmodisch und dabei häßlich: old-fashioned and ugly into the bargain

und dabei ist er doch gebildet: and yet he is cultured
dabei gilt es, etwas zu tun: in this context it is essential to ...

Page 64: Vocabulary Work

The Language of Professions

Solutions

The solutions to this exercise are: A11, B6, C17, D12, E4, F18, G14, H15, I2, J3, K16, L5, M10, N13, O7, P1, Q9, R8. The details of the false friends involved are as follows:

False Friends

Chef	head, boss	*Kontrolleur*	inspector; guard
chef	Küchenchef, Koch	*controller*	Rechnungsprüfer
Dealer	drug pedlar	*Laborant*	lab assistant
dealer	Händler	*labourer*	ungelernter Arbeiter
Dekorateur	window-dresser interior decorator	*Physiker*	physicist
decorator	Tapezierer u. Anstreicher	*physician*	Arzt (AmE.)
		Unternehmer	entrepreneur
Kommissionär	trading agent	*undertaker*	Leichenbestatter
		Volontär	trainee journalist
commissionaire	(livrierter) Portier	*volunteer*	Freiwillige(r)

Unit 12

Page 65: Translating Conditional Clauses

Trial Sentences

1. If the baloney comes to power, the mustard is rationed.
2. Unless the strike is called off at the last minute, we will be unable to travel.
3. If he were to change his way of thinking, he would be a considerably more likeable person.
4. If truth were a fictive product, would it then be less truth?
5. If you had only paid attention, you would not have made the mistake.
6. It would have perhaps tasted better if we had used more Mascarpone and less mocca liqueur.
7. If it rained, we would get wringing wet.
   FOUR ALTERNATIVES: a) Were it to rain, we would ... b) Should it rain, we would ... c) If it were to rain, we would ... d) If it should rain, we would ...

Page 67: The Language of Industry

Text

Erhart Kästner, 'Production'

Plato says that only the producer knows what a thing is. He argues that Homer, who sings the shield of Achilles, knows nothing at all. One has, he says, to ask the craftsman. He is inside the thing; he is knowledgeable, is expert, knows.

For sure, in times when arts and crafts are flourishing, as then and centuries before and after, the statement holds true. But is it still true today? In our century of disappearing things, of the mass production of goods? Is it still really the producer who alone knows what the thing is, who alone is inside it? Who alone establishes the connection between the thing and him who uses it, loves or hates it, has to live with it?

If Plato were right, whence the estrangement between the producers, their products and us, the users and consumers? What is in question is mass production, in series, by means of conveyor belts – industrial production, which caused the bond between maker and thing to snap. 'Industry', one of the evident verbal lies with which we block our clarity of vision, since industry means industriousness and could be expressed as the industriousness of the craftsman. That this is not so, and that it is precisely not the craftsman's industriousness which links the mass product to the factory worker, is common knowledge. Admittedly, the insight that it is production on this vast scale which has deprived us of this intimacy with things also implies recognizing that there is no way back. For to believe that one has only to change the form of the economy and of society and everything would be restored as in olden times – that is an unparalleled piece of wishful thinking. The retreat of things, their relapse into silence, their refusal, their petrification – that is the price of our production.

Useful Alternatives

sich auskennen: to be a specialist (in)
blühend: thriving
stimmen: to be correct, to hold
Bezug: link, bond
Fremde: alienation
auffällig: striking

Points to Note

1. reported speech: For a detailed treatment of the problems arising in the opening paragraph see Unit 14.
2. 'whence': This old-fashioned form is the correct translation for '*woher*' only in contexts such as above.

Page 68: Vocabulary Work

1 The Language of Industry

False Friends

The details of the false friends involved in this exercise are as follows:

Arbeitsplatz	job	*Konkurs*	bankruptcy
work place	Arbeitsstätte	*concourse*	Menschenmenge; (überdachte) Fußgängerzone
Branche	sector	*Pleite*	bankruptcy
branch	Filiale	*plight*	Misere
Fusion	merger	*rentabel*	profitable
fusion	(Ver)schmelzung	*rentable*	(ver)mietbar
Konjunktur	state of the economy, trade cycle	*Technik*	technology
conjuncture	Zusamentreffen von Umständen; Lage	*technique*	Verfahren, Methode
Konkurrenz	competition	*Unternehmen*	company
concurrence	Zustimmung, Einverständnis; zeitl. Zusammentreffen	*undertaking*	Unterfangen; Versprechen

2 The Language of Money and Finance

True Friend

The only 'true friend' in this exercise is the word 'cheque'. The details of the false friends remaining are as follows:

False Friends

Aktiva	assets	*Rabatt*	discount
actives	Aktivformen (gramm.)	*rebate*	Rückzahlung
blank	broke, bust	*Rate*	instalment
blank	leer; gedankenleer	*rate*	(ehemalige) Gemeindesteuer
Lohn	wage(s)	*Rente*	pension
loan	Darlehen	*rent*	Miete
Passiva	liabilities	*spenden*	give to charity
passives	Passivformen (gramm.)	*spend*	ausgeben
profitieren	profit	*spendieren*	(Runde) stand
profiteer	Wucherprofite machen	*spend*	ausgeben
pumpen	borrow; cadge	*Stipendium*	scholarship, grant
pump	hineinpumpen	*stipend*	Gehalt (bei Lehrern und Geistlichen)

Unit 13

Page 69: Translating the German '*dass*'-Clause

Trial Sentences

1. The fact that German university policy is being subjected to critical scrutiny is a welcome development.
2. What is remorse? A great mourning at the fact that we are as we are.
3. A good conversation does not consist in saying something intelligent oneself but in listening to something stupid.
4. There is no longer any concealing the fact that, since opinion polls were invented, there has never been a minister so often characterized as 'incompetent'.
5. I don't want him to be forever popping in! How can I prevent him from getting on my nerves?
6. My strongest capital is the fact that people would buy a used car from me without looking at it.
7. In order to be truly useful it is essential that one is truly independent.

Page 71: The Language of Politics

Texts

Volker Braun, 'The Changed World'
Jonnes' favourite dictum ran: 'Change the world – it needs it.' But there was no longer any ignoring the fact that it had changed. Not necessarily as its inventor intended, for the forests were dying, starvation was on the increase and the air took the air's breath away. For Smithe it was too much. 'Your maxim is short,' he said, with a long face. 'Is it not time to point out the fact that the changing must be changed? So that the world remains, not as it is but at all. Change the world as it needs to be changed. The time may come when we speak in yet another way.'

'The Cynicism of the Posters'
Travelling through the countryside, Smithe and Jonnes encountered in many places slogans, written, not exactly nimbly, on walls and billboards, saying that things should move FORWARD and that the world had to be CHANGED. The walls themselves were often grey and the streets crumbling away, the attractive posters often the only bright spot. 'What do these people mean?' asked Jonnes, 'the world they live in? I assume they want to change another world.' – 'It would be nice if they did,' answered Smithe angrily.

'Larval Stage'
Smithe complained internally that the free society resembled the oppressed society: that they, as the lords, were living like slaves.

Jonnes did not wish to calm him down and pointed vaguely into the air: 'Do you see the butterfly? Before it lifts off into the wind it is a caterpillar, which just crawls and eats and changes into a chrysalis, until one can look on it only as a mummy – this winged creature in the making. Thus Lenin wrote that the political difference between socialism and communism would possibly be larger than that between capitalism and socialism. How true. But equally true and important,' said Jonnes, 'is our unease, to which the new space seems narrow and dark like an outer husk, and our pressure, which will burst the husk open.'

Useful Alternatives

Satz: saying
verrottet: decaying
der Lichtblick: splash of colour
vermutlich: presumably
schön wärs: I wish it were so
beruhigen: soothe,placate
Hülse: (outer) shell
Unbehagen: disquiet

Points to Note

1. The many plays on words in these texts such as 'kurz .. mit langem Gesicht' must, of course be retained if possible.
2. 'überhaupt': This must rate as one of the most difficult words for the translator. It is worth noting the following forms:
   überhaupt nicht: not at all
   wenn überhaupt: if at all
   gibt es überhaupt eine Chance?: is there any chance (whatever)?
   das Schwierigste überhaupt: the most difficult thing there is
   wie ist das überhaupt gekommen?: how did it happen in the first place?
   gibt es das überhaupt?: is there really such a thing?

Pages 72–74: Vocabulary Work

1 The Language of Politics

True Friends

The true friends involved in this exercise are 'putsch' and 'security forces'. The details of the false friends remaining are as follows:

False Friends

Außenpolitik	foreign policy	*control*	beherrschen
foreign politics	Politik im Ausland	*resignieren*	become resigned
Engagement	commitment, involvement	*resign*	zurücktreten
		Sprecher(in)	spokesperson
engagement	Verlobung	*Speaker*	Vorsitzende(r) im britischen Unterhaus
kommunistisch	communist		
communistic	halbwegs kommunistisch		
		Transparent	banner
kontrollieren	watch over, supervise	*transparency*	Farbdia; Overheadfolie

	Ziel	aim, objective	*Zivildienst*	community service
	zeal	Eifer	*Civil Service*	Beamtentum

2 The Language of Elections

True Friends The true friends involved in this exercise are 'cabinet', 'centre', 'Chancellor' (in the sense of Chancellor of the Exchequer), 'executive', 'opposition', 'vote'. The details of the false friends remaining are:

False Friends				
Basis	grass roots	*Kontrolle*	supervision
basis	Grundlage	*control*	Beherrschung
engagiert	committed	*Mandat*	seat
engaged	verlobt	*mandate*	Votum
Fraktion	parliamentary party	*Manifest*	manifesto
		manifest	das Evidente
fraction	Bruchteil	*Ressort*	department, portfolio
Intelligenz	intelligentsia		
intelligence	Verstand	*resort*	Bade-, Ferien-, Ski- usw. ort

3 The Language of the National Economy

True Friends The five 'true friends' involved in this exercise are 'crash', 'inflation', 'privatize', 'record high' and 'stability'. The details of the false friends involved are:

False Friends			
aufstocken	take on (staff)	*Obligation*	bond, debenture
stock up	sich eindecken	*obligation*	Verpflichtung
Etat	budget	*Quote*	quota
estate	Grundbesitz	*quote*	Kostenvoranschlag
Existenz	new business		
existence	Dasein, Leben	*Rentabilität*	profitability
Handel	trade	*rentability*	(Ver)mietbarkeit
handle	Griff, Stiel usw.	*Spender*	giver to charity
Haushalt	budget	*spender*	Verschwender
household	Haus u. Hausrat	*übernehmen*	take over
Kurs	rate of exchange	*overtake*	überholen
course	Verfahrensweise		

Unit 14

Page 75: Translating Reported Speech

Trial Sentences

1. She asked him brusquely whether he was prepared to resign.
2. He maintained that he had not been involved in the affair.
3. The minister promised that he would investigate the case.
4. They said that they would have acted faster if they had only been informed earlier.
5. She said that she regretted the omission. It was, however, she argued, not in the final analysis her fault.
6. Keynes maintained that a reduction in all wages did not lead to an upswing but inevitably to a recession.
7. St. Augustine said that punishment is justice for the unjust.

Page 77: The Language of Crime and Law

Texts

Manager Held Prisoner in Hole in the Ground
NEW YORK. The managing director of an American textile company was held in a hole in the ground for twelve days until the police could free him and arrest his two kidnappers. The manager of the New York Company Lord West Formalwear had according to the police been kidnapped on 4 August on his way to work. The culprits, the police reported, were two brothers aged 29 and 38, of whom the elder had worked for Formalwear. According to police reports, they put the manager into the hole in the ground on a piece of railway land, covering the hole with a door, onto which they then piled stones. The kidnappers provided their victim with fruit and water. The demanded ransom of three million dollars was finally paid on Sunday. Although, in breach of the agreement, the kidnappers did not reveal where the hiding place was, the police were soon able to find the manager, arrest the culprits and also secure the ransom. The businessman was exhausted but was able to leave hospital after a check-up.

Hamburg Student Dogged by Ill-Luck
HAMBURG. 'It never rains but it pours' was the headline given by the Hamburg police on Friday to a bulletin on the unusual run of bad luck experienced by a 24-year-old student. The man had left behind a flowering plant worth 49 Marks in a restaurant in the university quarter. When he returned to fetch the plant, patrons told him that another customer had just taken it with him and had ridden off on a bicycle. They were able to tell him which way he had gone. Since the student recognized that he could not catch up with the plant thief on foot, he spoke to an unknown cyclist

outside the eating place and asked him to lend him his bicycle for the pursuit. As a surety he gave the man his briefcase with 140 Marks in cash and his papers. When he returned after a fruitless search, he discovered that the bicycle-owner had disappeared with his briefcase. Finally, at the police station the officers destroyed the undergraduate's hope of being able to keep the bicycle as compensation: it was registered as stolen.

Useful Alternatives

anschließend: subsequently
versorgen: supply
preisgeben: reveal the location of
festnehmen: detain
Verfolgung: chase
erfolglos: vain

Points to Note

1. 'Täter': It is worth noting the various possibilities:
   mild offence: 'miscreant'; severe crime/outrage: 'perpetrator'
   media term: 'culprit'; police term: 'offender'
2. 'er mußte feststellen': In such phrases the 'müssen' is swallowed up by the English phrase.
3. 'Verfolgung': It is essential to distinguish between the cases:
   die Verfolgung der Juden: the persecution of the Jews
   strafrechtliche Verfolgung: prosecution
   die Verfolgung im Streifenwagen: the pursuit/chase in the panda car

Pages 78–80: Vocabulary Work

1 The Language of the Law Courts

Solutions

The solutions to this exercise are: A6, B9, C4, D12, E5, F7, G8, H2, I3, J13, K11, L14, M1, N10. The details of the false friends involved are as follows:

False Friends

Advokat	lawyer, barrister; solicitor	*Paragraph*	section, article
advocate	Befürworter; (schott.) Advokat	*paragraph*	Absatz
Brief	letter	*Revision*	appeal
brief	Schriftsatz, Mandat	*revision*	Wiederholung Überarbeitung
Kaution	(Wohnung) deposit; (Gericht) bail	*Urteil*	sentence, judgement
caution	Vorsicht; Warnung	*ordeal*	Feuerprobe
		Zivilrecht	civil law
		civil rights	Bürgerrechte

2 The Language of Crime and Detection

False Friends The details of the false friends involved in this exercise are as follows:

alarmieren	alert	*Ingenuität*	ingenuousness
alarm	beunruhigen	*ingenuity*	Erfindungsgabe
besuchen	visit	*Justiz*	legal system
beseech	anflehen	*justice*	Gerechtigkeit
Clou	(important) point	*Krimi*	'whodunit'
clue	Indiz	*crime*	Verbrechen
Evidenz	clarity	*Kriminaler*	detective
evidence	Beweismaterial	*criminal*	Verbrecher
Fall	case	*List*	cunning
fall	Sturz	*list*	Liste
Fehler	error	*Magistrat*	town council
failure	Versagen	*magistrate*	Friedensrichter
geil	lewd, lecherous; (affen-) 'brilliant'	*Mörder*	murderer
		murder	Mord
guileful	listig	*Police*	(insurance) policy
Geilheit	lewdness	*police*	Polizei
guile	List, Tücke	*Prozeß*	trial
grausam	cruel	*process*	Verfahren; Vorgang
gruesome	grausig	*prüfen*	test, examine
Indizien	clues	*prove*	beweisen
indices	Register (pl.)	*visitieren*	search, 'frisk'
		visit	besuchen

3 The Language of Perception

False Friends The details of the false friends involved in this exercise are as follows:

Brand	fire, blaze	*clang*	metallisches Geklirr
brand	Feuerbrand		
Dampf	steam	*Leim*	glue
damp	Feuchtigkeit	*lime*	Kalk
Fäulnis	rottenness	*massiv*	solid (wood)
foulness	Schmutzigkeit	*massive*	wuchtig
glotzen	stare	*Qualm*	thick smoke
gloat	sich hämisch freuen	*qualm*	Skrupel
		riechen	smell
gründen	found	*reek*	übel riechen
ground	Startverbot erteilen	*stickig*	musty
irritieren	confuse	*sticky*	klebrig
irritate	verärgern	*überhören*	fail to hear
Klang	sound	*overhear*	zufällig hören

	übersehen	overlook	*unsichtbar*	invisible
	oversee	überwachen	*unsightly*	häßlich

Unit 15

Page 81: Translating the German Verbal Noun

Trial Sentences

1. At present no other means of securing peace are known than the balance of mutual deterrent.
2. Age does not protect one from love, but love does protect one from ageing.
3. To speak is to judge: to be silent is to have judged.
4. There are books which are there to be read aloud – the *Odyssey*, for example.
5. There is no reason for objecting to this merchandise.
6. Only by a process of comparing myself with others/of self-comparison do I find myself.
7. It is enough to make you despair or split your sides laughing.

Page 83: The Language of War and Peace

Text

Klaus Mannhardt, 'What Do I Understand by Peace?'

Peace – that means for me first and foremost removing the major causes of war. These are to be found today in the stockpiling of ever more weapons of mass destruction and an irresponsible arms race that takes our earth daily closer to the peril of a nuclear holocaust. At present, therefore, I connect peace with preventing war. I see the paramount task here in resisting and preventing all those strategies which aim at making nuclear wars wageable and limiting them regionally; and in resisting the weapons systems connected with these aims – Pershing II missiles, cruise missiles, neutron weapons, radiation carpets etc.

Peace means no politics of confrontation, of interference, of blackmailing, of blockades and of boycotts: peace calls for co-operation and dialogue. In this context, it is necessary to ban military force from international relations and to take the first concrete steps to disarmament.

Only through complete disarmament can peace be achieved on an enduring basis, because the danger of war is not definitely overcome until the means of waging war are definitely removed.

By disarmament measures I understand a visible reduction of armed forces and armaments with the result that a reduction in fighting power and destructive potential follows.

Peace means in addition, above and beyond the absence of war, the achievement of political, social and economic justice in the entire world. Colonialism, underdevelopment, starvation and need are continual causes of war, which must equally be removed and overcome.

Peace is, for me, linked in addition with perspectives for the future and chances of survival for the coming generations. Environmental destruction, the squandering of energy and raw materials – for example for armaments – endanger human life and the future and can thus become causes of war. [...]

I understand my conscientious objection as a visible and tangible means of pressure to transform politics in these issues.

Useful Alternatives

Anhäufung: accumulation
vorrangigst: pre-eminent
jeglich: each and every
darauf hinarbeiten: work towards
es gilt: it is essential (to do)
dauerhaft (adv.): lastingly
Not: want
Verschwendung: waste

Points to Note

1. 'Politik': This word is a frequent source of difficulty. 'Politics' denotes the whole world of politics or a group of individual measures: 'policy' denotes one individual course of action. Hence:
   die Außenpolitik: foreign policy
   die Innenpolitik: home policy
   in die Politik gehen: to go into politics
   die Politik der Konfrontation: the politics of confrontation
   eine Politik der verbrannten Erde: a scorched earth policy
   eine neue Politik der Nicht-Konfrontation verfolgen:
   to pursue a new policy of non-confrontation

Page 84: Vocabulary Work

The Language of War and Peace

True Friends

The three true friends involved in the exercise are 'amnesty', 'plunderer' and 'to run amok'. The details of the false friends remaining are as follows:

False Friends

besiegen	defeat	*Feind*	enemy, foe
besiege	belagern	*fiend*	Unhold
betrügen	deceive	*hissen*	hoist, raise
betray	verraten	*hiss*	auszischen, -pfeifen
bombardieren	(von Luft) bomb; (von Land/ See) bombard	*kommandieren*	command
bombard	bombardieren (von Land/See)	*commandeer*	requirieren
		Marine	navy

marine	Marineinfanterist	*Salve*	salvo
mustern	inspect	*salve*	Salbe
muster	aufbieten	*Schlacht*	battle
Private	private, individual	*slaughter*	Gemetzel
		Söldner	mercenary
private	gewöhnlicher Soldat	*soldier*	Soldat
		strafen	punish
requirieren	requisition	*strafe*	mit Bordwaffen beschießen
require	benötigen		

Revision III

Page 85: Revision Sentences

Sentences

1. Culture is what a butcher would have if he were a surgeon.
2. Nagging is the death of love.
3. There is no longer any concealing the fact that the German university is extremely in need of reform.
4. The professor was once asked why he had always set hard and fast deadlines for term papers whereas the mind, after all, could not be so reglemented. Everything in life, he answered, had a deadline, since life itself had a deadline.
5. Life is only a process of opening one's eyes and shutting them again. It is a matter of what one sees in the brief pause in between.
6. Duties arise from not saying 'No' in time.
7. If apes managed to experience boredom, they could be human beings.
8. I really wouldn't want us to go so late. After all, there is a danger of icy road conditions. We really should be careful.
9. The cynicism of cynics does not consist in the fact that they say what they think but in the fact that they think at all.
10. They insisted that they had not known.
11. To think is to caress divine wisdom.
12. The aim of writing, reading, living – the process by which things show themselves for what they are.
13. If only she had been right! If only it had turned out like that!
14. In the very first set he felt a twitch in his left arm.
15. Stillness is the breathing of the world.
16. When Peter Ustinov was once asked how it came about that he could speak so many languages, he answered: 'This variety is explained by a regrettable deficit – I have never had a home country.'

Page 86: Translation Text

Text

Hans Erich Nossack, 'Impossible Hearing of Evidence'

Perhaps there was no reason at all. – What he meant by that? – Sometimes people wept without reason and that was real weeping. – If his wife had often wept? – No, hardly more often than other people.

'And how would you have acted if you had known at the time?' asked the counsel for the prosecution.

That was not easy to say. It was possible that he would have gone upstairs to console her. But then again perhaps not. If there had been a reason for the weeping, he would by all means have gone up to her, since a reason could, of course, be overcome. Yet if it was a question of real weeping, then it was better to let it take its course and not intrude.

'Don't you consider that to be – I avoid the expression 'heartless' – to be, let us say, dangerous, especially in the situation in which your wife quite clearly was?' the counsel for the prosecution probed further.

Certainly it was dangerous, very dangerous even. Dangerous for both parties; for him who listens perhaps even more dangerous than for him who cries. On account of the helplessness. The necessity of waiting inactively, with bowed head and with one's hands firmly on the table-top, so that they could do nothing wrong, nothing but wait and hope that the weeping stopped of its own accord. That was terrible.

The accused therefore stood by his statement that he knew no reason for his wife's weeping, the judge asked.

None? That was again not correctly expressed. For, of course – everyone knew that – there was always a reason present. The reason without reason.

'Accused, what is the meaning of these paradoxes?' the judge shouted, angered. 'We'll get no further like this. And I do not wish to hide from you the fact that we all have the impression that, precisely on this point, you are not prepared to speak out.'

That was the fault of language and not of there being anything to conceal.

Useful Alternatives

trösten: to comfort
zumal: all the more so
beseitigen: remove, redress, remedy
erlöschen: extinguish (itself)
einer Sache ihren Lauf lassen: to give sth. its head

Points to Note

1. Parts of the body expressed with a mere article in German are habitually personalized in English: *die Hände* – one's hands

Unit 16

Page 87: Translating the German Adjectival Phrase in Front of the Noun

Trial Sentences

1. The human being is a tube equipped above and below with an opening.
2. The libero, whose performance had slackened off, was confined to the reserves' bench.
3. Jogging: strenuous free time has to complement the job that has become non-physical.
4. Everyone who is destined to life has the obligation to work out the plan laid within him down to the last detail. Then he may go.
5. Virtues are mostly vices hushed up through cowardice.
6. The appartment to be sold could not yet be viewed.
7. Life is a difficult question to answer, suicide the easiest answer to find.
8. The once idyllic little border town had become a tourists' stomping ground.

Page 89: The Language of Schools and Teaching

Text

Hans-Michael Behrens, 'Payday'

At last it makes sense again for school-children to go to school. From the next school-year on, each of the once so unwilling school attenders will, from his or her fifth school-year, receive a pupil's salary on an annual scale. Thus the school-registers will be filled with ticks, the purses of the school-children with jingling coins, the cinemas, chip-stalls, hi-fi and motor-scooter shops with school-children and the deep abyss of the national budgetary deficit with the additional value-added tax, turnover tax, luxury, vehicle and foodstuffs taxes and the pupil-income and pupil capital gains tax, which will certainly have been introduced by then, together with their supplementary taxes.

The standard of living of pupils will rise, the entrepreneurs will register the highest profits for 30 years, youth unemployment will fall on account of a backlog of pupils in the higher-income classes who have not been moved up a year – which again saves the state unemployment benefit – and everyone is thoroughly happy and content.

Yet this situation will not last long, for happily we are living, after all, in a free market economy which functions perfectly and in which the entrepreneurs react to the higher demand with higher prices. Towards the end of the school-year, the German

Congress of School-Kid Trade Unions (GCSKTU) is formed. In the summer holidays at the latest, collective bargaining begins.

The demands make sense: extension to the twentieth school-year, fewer hours per week with a higher salary and the possibility to repeat each school-year six times instead of twice as hitherto.

To the initial refusal of the Federal Government the pupils react with the threat of a strike, or of ending their school careers more quickly and thus again flooding the job market. Finally, an appropriate pay rise is agreed upon and the gross domestic product rises annually *ad infinitum*.

Yet can we really trust our school pupils – minors who have not come of age – to carry the can of wrong policies and mismanagement of the economy for us?

Useful Alternatives

verzeichnen: to record
Stau: logjam
von langer Dauer: of long duration
vorbildlich (adj.): exemplary
sich bilden: to be set up
ausbaden: to pay for

Page 90: Vocabulary Work

The Language of Schoolwork

False Friends

The details of the false friends involved in this exercise are as follows:

adäquat	suitable	*Konzept*	plan, idea; rough draft
adequate	ausreichend	*concept*	Begriff
Diktat	dictation	*Lektüre*	reading matter
dictat	aufgezwungene Verpflichtung	*lecture*	Vorlesung
eventuell	perhaps	*Meinung*	opinion
eventually	schließlich	*meaning*	Bedeutung
Hausaufgaben	homework	*Notiz*	note
housework	Hausarbeit	*notice*	Aushang
Hausmeister	caretaker	*referieren*	present, talk on
housemaster	Hausleiter in brit. Internat	*refer*	sich beziehen
inkonsequent	inconsistent	*schwarzes Brett*	notice-board
inconsequent	belanglos	*blackboard*	Tafel
konsequent	consistent	*Übersicht*	survey
consequent	darausfolgend	*oversight*	Versäumnis
		Wissen	knowledge
		wisdom	Weisheit

Unit 17

Page 91: Translating Negative and Restrictive Adjuncts

Trial Sentences

1. Rarely had they been so downcast, so laconic.
2. Only in the London Tate Gallery does one find so broad a spectrum of Turner paintings.
3. Nothing could disturb him, yet nor could anything give him pleasure.
4. In no country are class distinctions so evident as in Great Britain, yet in none are they accepted with such equanimity.
5. Scarcely had they entered the shower when the phone rang.
6. Never again will I drink the glass of sherry on offer at an important interview!
7. Only in the sunshine does a flower flourish, only in society does the human being thrive.

Page 93: The Language of Literary History

Text

Ulrich F. Müller, 'Wanted 120'

'Never in the nineteenth century was there anywhere such an unchangingly affectionate relationship between a man of letters and his nation.' That was how Stefan Zweig, without a trace of exaggeration, expressed the enthusiasm with which this writer was loved, revered and feted. When the first novel of the unknown parliamentary correspondent appeared under the pseudonym 'Boz', it was in the then customary form of monthly instalments. Of the first of these blue-coloured booklets 400 copies were printed; with the fifteenth instalment 40,000 copies were not enough. The people went to meet the postman; they began reading on the street itself; they looked over each others' shoulders.

And this affection really went overboard when the author abandoned his pseudonym. Now the people knew that not only were the characters of his novels the fruit of loving and almost clinical observation, but that much of what he described he had actually experienced himself – the demeaning and levelling method of imprisonment, which had cast his father into despair after his bankruptcy with his son scarcely ten years old, or the drudgery of child labour, which placed the sensitive youth among the coarsest people as a packer in a shoe-polish factory.

Even today the English find themselves mirrored in this man, who triggered off reforms without calling for them, who portrayed human beings without judging them and who shed critical light on all existing institutions of private and national life, without ever doubting their right to exist – and this with a subtle humour that only rarely became black humour and almost never had the rhetoric of grim, despairing irony with which a cynic such as Jonathan Swift had told his country the truth.

Useful Alternatives

herzlich: warm
verehren: to respect, honour
feiern: to lionize, celebrate
Pseudonym: pen-name
entwürdigen: to degrade, debase
Fron: slavery, slave labour
fordern: demand

Points to Note

1. 'ähnlich unwandelbar': Here is the classic problem of two adverbs in sequence. It is customary and elegant to avoid the double '-ly' ending as in *'similarly unchangingly'.
2. 'blaue Hefte': One should avoid the rendition 'blue' since this might have the connotation of 'pornographic', as in 'blue films'.

Page 94: Vocabulary Work

The Language of Literary History

True Friends

The 'true friends' involved in this exercise are 'drama', 'epos', 'lyric(al)' and 'Romantic' (meaning '*Romantiker*'). The details of the false friends remaining are as follows:

False Friends

Klassik	classical age	*Roman*	novel
classic	Klassiker	*Roman*	Römer
Lyrik	lyric poetry	*Romantik*	Romanticism
lyric	Liedtext; lyrisch	*Romantic*	Romantiker
Novelle	novella, *Novelle*	*Sage*	saga, legend
novel	Roman	*sage*	Weiser; Salbei
Prosadichtung	prose fiction	*Vers*	line of verse
prose poetry	Prosagedicht	*verse*	Strophe; Verse

Unit 18

Page 95: Translating the German Adjectival Noun

Trial Sentences

1. A flirt is training with the wrong man for the right man.
2. Time: a) wealth of the poor b) poverty of the rich.
3. *Lebenskünstler* are peole who have time not only for the necessary but also for the apparently superfluous.
4. The good thing about it is the good stuff in it.
5. The imaginative are the nurses of the slow.
6. Dirt is the dirtiest thing in clean places.
7. Dangerous Elements in the Legacy of Indira Gandhi
8. Boris the Blasé Falls to Ivan the Terrible

Page 97: The Language of Reading

Text

Martin Walser, 'When I Read'

People who are not readers assert that we readers read in order to be able to join in the conversation in the evening. But we cannot be written off as easily as that. The fact that someone remains a reader is due to more complex reasons. As a child, everyone is a reader. If, later, one's wishes are all fulfilled (and that happens only if one had too few wishes), then one no longer reads. One reads only as long as one still wishes. As long as one still hopes.

The relationship between the reader and the book, therefore, is not at all like the relationship between Niarchos and his yacht. Niarchos, in his spare time, wants to deck himself himself out swiftly with perfection. For the reader, however, the book is a training ground. Here wishes are not fulfilled but kept alive and the sinews of hope are strengthened. Reading, therefore, is not a hobby. Reading is a force which derives from our most forceful time – childhood. The sole force which we can to some extent salvage into the present. Reading is the refuge for what remains of one's childhood life. For reading is nothing but the ability to believe in a better world. At the same time, reading is also a conversation about all things under the sun and our role there.

There is no book in which things pass off as in the world. Even in the most horrid book things pass off better, for in a book the bad is recognizable as the bad. In reality, however, the bad has made itself respectable. Every reader, therefore helps to construct the mirror in which reality should finally recognize itself and die of fright at its image.

Some forget the rules of this fine game because their wishes and hopes were such that they could soon enough be fulfilled. That is how the sated and the contented come into being. They need neither the alphabet nor the future. The reader remains the opposite of the contented person. The successful man, the victor in his field – can he be a reader? Can one imagine the poems of Hölderlin in his hands? Or Kafka's stories? Such things can happen. Imagine them I cannot.

Useful Alternatives

erledigen: to dismiss
ausstatten: to equip
frisch halten: to keep fresh
herüberretten: rescue, carry over

Points to Note

1. 'Sprunggelenke gestärkt': The English 'ankle-joints' does not have the resonance of the German. Hence a different but parallel metaphor must be sought: 'sinews', 'tendons', perhaps 'muscles' might do.
2. 'das Fürwahrhaltenkönnen': a classic verbal noun – see Unit 15.

Page 98: Vocabulary Work

The Language of Books and Books on Books

Sentences

Correct translations revealing the false friends would be:

1. She did find some *paperbacks* on the subject, but the **pocket-book** she really wanted was not available.
2. The multi-storey bokshop seemed to have absolutely every-thing – from the paperback to the *libretto*, from the **textbook** to the song-book.
3. There was no mistaking the fact that the author of the **screen-play** had also written the *television drama*.
4. The work was considered in advance to be a fine **example** of the contemporary novelist's art. The professor ordered his *copy* in time.
5. The librarian compared the *class-mark* on the spine with that on the borrowing slip, checked the student's **signature** and nod-ded.
6. She had originally been afraid of *criticism*, but almost no **critic** had disparaged her first novel.
7. The book dealt with the first **recensions** of the Bible. The *reviews* revealed that it had either been not read or not understood.

Unit 19

Page 99: The Translation of '*erst*'

Trial Sentences

1. Only if we approach things without our selfhood do they reveal to us all their marvels.
2. Only towards the end of her speech did the minister lift the veil of secrecy.
3. It is the obstacles which make love really interesting.
4. Not until one has steeped oneself in one's subsidiary subject is it worth doing the semester abroad.
5. 'We will not employ the people again until the economic situ-ation has clearly improved. Nowadays one has to be really care-ful.'
6. Influences on English vocabulary from the German language area can be demonstrated only from the early Middle English period on.
7. First work, then the aerobics course.

Page 101: Language to do with Language

Text

Ernst Leisi, 'The Educated Language (Standard English)'

Only towards the end of the Middle English period did a written English language emerge in its turn – out of the dialect of London. There were a good number of reasons why precisely the language of London was preferred. London was the capital of the kingdom, which, since the Norman Conquest, had been ruled in a strongly centralist way (government offices, documents). London lay geographically on the point of intersection where Kentish, Saxon and Anglian (Kentish, Southern and Middle English) met, and for this reason its language was not completely foreign to any of these areas. In the vicinity of London itself were the great universities; at court and in the city lived major writers (above all Chaucer), who carried the language of London out into the country in admired and widely distributed works; and finally it was above all from London also that the printing press (after its introduction by Caxton in 1476) exerted its influence.

The written English language is thus in origin the dialect of London. This, however, should not mislead one into the assumption that this is still the case today. On the contrary, to the extent that the written language spread and became generally recognized, it began to move away from the London dialect, which lived on among the more simple people and has developed into present-day cockney. For the philologian, it is true, the written language does bear clearly recognizable southern and midland traits, but for the Englishman its character consists today precisely in its freedom from dialect, i.e. in the lack of a bond with the local manner of speaking of a particular region.

Another indicator of the status of dialects in England is the fact that in literature the dialect-speaker was, until recently, almost exclusively a comic figure of generally low rank. Only through major 'regionalists' such as Hardy, D. H. Lawrence, Mary Webb and the Irish renaissance (Yeats, Lady Gregory, Synge) is dialect elevated into the serious and dignified sphere as well.

Useful Alternatives

sich herausbilden: to form, develop
zusammentreffen: come together
weshalb: and therefore
das einfachere Volk: the common people
Wesen: nature
bezeichnend: characteristic
Stellung: position

Points to Note

'am Hofe': 'at court', commonly without the article
'in 1476': Note that here, unlike in German, the preposition 'in' is obligatory in English.

Page 102: Vocabulary Work

1 The Language of Language

Solutions

The correct solutions to the crossword are: Across 3. subjunctive 6. pregnant 7. acronym 9. terse 11. speak out 13. lyrics 14. phrase 17. vocabulary 18. aphorism 19. pithy 21. vowels Down 1. adjective 2. pronounce 3. succinctness 4. item of vocabulary 5. empty phrase 8. parole 10. sentence 12. conjunctive 15. syllable 16. byword (for) 20. slogan.

Unit 20

Page 103: Punctuating Your Translation

Trial Sentences

1. Boris and Belinda were obviously dog-tired: I briefly took my leave and left.
2. Sarcasm is the envy of the fact that one can no longer do as one would wish.
3. It was hot, scorchingly hot: beneath the furnace of high summer the sky flickered with heat.
4. Many windows in the house are broken; the garden is choked with weeds.
5. I am keen to know what will become of the two of them.
6. Possession possesses: it hardly makes people more independent.
7. The world is a theatre: you come, see, pass on.

Page 105: The World of Theatre

Text

Hanns Kunz, 'The Side-Splitter'

A dead-certain punch-line which sets the audience laughing is called in stage-jargon a 'side-splitter'. This side-splitter is not restricted only to the theatre but holds for every type of event with an audience, and probably for radio and television also – only there the effect of the side-splitter cannot be monitored. One can only hope that it finds its target.

That was the necessary introduction. Now comes the first part. It happened during a variety evening somewhere in a medium-sized town in North Germany. There were a number of well-known names on the programme: the show was sold out. A well-known and popular announcer, called the 'compère', was guiding the audience through the programme. I had the honourable task of accompanying the performers on the piano. The atmosphere was superb. The audience was beside itself: every punch-line found its target. In short, it was marvellous work.

In the interval I said to the compère – sometimes I have such odd ideas – 'Hey, why not try the following: when you go back on stage, hold your two hands with their fingers outstretched against one another and move them as if you were trying to press something together, like electric power points or a lid on a jar. You make this apparent attempt a few times and when it again doesn't work, you shrug your shoulders, drop your hands, look really disappointed and say, with great emphasis: *democracy*.

'That's utter lunacy,' said the renowned compère, 'but one can give it a try.'

The interval was over: the renowned compère went on stage. He stood in the limelight. In the hall there was an expectant silence. Now began the business with the imaginary thing that didn't work. Then, right into the silence of the hall, at the right moment, fell the word: *democracy*.

Rarely have I experienced such uproarious howls and screams of laughter.

This performance took place one evening in the Spring of 1950. It was the time when all things democratic were pretty new. People didn't quite know what it was, and how and whether it would work.

Now to the second part of the story. I myself run a cabaret, and it is not so long back that I was standing on the little stage and suddenly couldn't think of what to say. At that moment I recalled the renowned compère and the variety evening twenty-eight years earlier.

By now we have all come to know what democracy is, how it is run, what one can expect from it, how one deals with it and so on. Well, I strike a pose, make with my hands the gesture as if I wanted to fit something together and it just doesn't work, drop my hands, look disappointed and say, just like the renowned compère that evening twenty-eight years earlier: *democracy*. There followed an explosion of laughter – the audience simply couldn't regain its composure. I have rarely had such a success, such a side-splitter.

Useful Alternatives

beschränkt: confined to
sitzen: to tell, hit home
war ausverkauft: was a sell-out
toben: to roar with laughter
klappen: to be a success
sich beruhigen: calm down

Points to Note

1. 'Veranstaltung': It is worth noting the following meanings:
   (university) course, seminar
   (sport) meeting, event
   (society) meeting; conference
   (theatre) event, performance
   (politics) meeting

Page 106: Vocabulary Work

The Language of the Theatre

True Friend

The sole 'true friend' involved in this exercise is 'foyer'. Details of the false friends remaining are as follows:

False Friends

Karte	ticket	*Publikum*	(Theater) audience (Fußball) spectators
card	Post-, Geburtstags-, Spielkarte	*public*	Öffentlichkeit
Loge	box	*Rang*	(erster) dress circle (zweiter) upper circle (dritter) gallery
lodge	Parkwächter-, Forsthaus	*rung*	Sprosse
Parkett	(front) stalls	*Requisiten*	props
parquet	Parkettboden	*requisites*	Zubehör
Probe	rehearsal	*Statist*	mute, walk-on part
probe	Sondierung, Untersuchung	*statist*	einer, der an den Nationalstaat glaubt

Unit 21

1 Trial Sentences: The Subordinate Clause

Trial Sentences

1. We look for means of passing time, indeed of killing it dead, as if it were our direst enemy.
2. ... school, that exile in which the grown-up holds the child until it is able to live in the adult world without being a bother.
3. As had been his habit for years, he played cricket that Saturday afternoon also.
4. Ideas, however much they differ from events, are never without parallel.
5. Something must be wrong with a society in which the men die of heart attacks while their widows are organizing to fight for their right to work.
6. She was frequently assailed by dreams, whereas he slept the sleep of the just.
7. Perhaps one must be very old before one learns to be amused instead of being outraged.

Page 109: The Language of Thought and Belief

Texts

Martin Buber, 'Sleep'
So that his studying should not be interrupted too long, Rabbi Schmelke was accustomed to sleep in a sitting position only, his head on his arm and between his fingers a burning light, which was to wake him as soon as the flame touched his hand. When Rabbi Elimelech visited him and recognized the still entrapped power of his holiness, he carefully prepared a bed for him and, with great difficulty, induced him to stretch himself out on it for a short while. Then he closed the window and covered it over. Rabbi Schmelke did not awake until it was broad daylight. He noticed, but did not regret, how long he had slept, for he felt an unknown, sun-like clarity. He went into the house of prayer and prayed to the congregation as was his custom. To the congregation, however, it seemed as if they had never heard him before – so much did the power of his holiness dominate and liberate them all. When he spoke the song of the Red Sea, they had to gather up the hems of their caftans so that the waves rearing up on the left and the right should not wet them.

Later Schmelke said to Elimelech, 'Only now have I learnt that one can serve God also with sleep.'

'The Tightrope Walker'
Rabbi Chajim of Krosno, a pupil of Baal-schem, was once watching a tightrope walker with his pupils. He was so deeply immersed in the sight that they asked him what it was that held his eyes spellbound to the foolish spectacle. 'This man,' he answered, 'is risking his life. Why, I couldn't say. Certainly, however, while he is standing on the rope, he cannot think that by his act he is earning a hundred guilders, for as soon as he thought about that, he would fall off.'

Useful Alternatives

er pflegte: he used to
Unterbrechung: interruption
Brauch: habit, wont
Anblick: spectacle
aufs Spiel setzen: to put on the line, to put at risk
versunken: engrossed (in)

Points to Note

1. 'Gemeinde': It is important to note the different senses:
a) 'parish': *Kirchengemeinde im geographischen Sinn*
b) 'congregation': *Gemeinde in der Kirche versammelt*
c) 'parishioners': *die Mitglieder der obigen Gemeinde*
d) 'community': *Gemeinde als Gemeinschaft*

Page 110: Vocabulary Work

The Language of Faith and the Church

True Friends

The 'true friends' involved in this exercise are 'Holy Ghost', 'moral (of a story)' and 'shrine'. The details of the false friends remaining are as follows:

False Friends

Christ	Christian
Christ	Christus
Christentum	christianity
christendom	Christenheit
Geist	spirit; mind
ghost	Gespenst
geistlich	spiritual
ghostly	gespenstisch
Kanzel	pulpit
chancel	Altarraum
Kloster	monastery
cloister	Kreuzgang
Messe	mass
mess	Durcheinander; Offiziers-, Schiffsmesse

Moral	morality
moral	Moral der Geschichte
pathetisch	solemn
pathetic	bemitleidenswert
Patron	patron saint
patron	Schirmherr; Kunde
profan	secular
profane	lästerlich, gottlos
sinnvoll	meaningful
sinful	sündhaft
Unrast	unease
unrest	Unruhe(n)
Vikar	curate
vicar	Pfarrer

Revision IV

Page 111: Revision Sentences

Sentences

1. If the good thing about the worst time is that it passes, precisely this is also the bad thing about the best time.
2. Nowhere does one read in greater comfort than in an armchair by the fireside.
3. Even the wisest person can learn an immeasurable amount from children. Or: immeasurably much
4. The more life slipped away from him, the more he became a writer.
5. The child cannot develop as freely as would be necessary for a creature in the process of growing, because it is oppressed by the adult.
6. The then prevalent opinion was that it could be solved only by strong medication.
7. You are loved only where you can show yourself to be weak without provoking strength.

8. Scarcely had the lecture begun when a tiredness, which was not to be denied or fought against, crept over her.
9. My ideal is a democracy which works slowly.
10. Imagination is the most splendid gift – or one of the most splendid gifts – of the writer: it should no more be done violence to than should history.
11. A child is a love that has become visible.
12. For as long as I can remember, the clocks have always gone too fast.
13. Modern democracy is an oligarchy condoned by elections and by public opinion.
14. Not until they had established a system did they make genuine progress in learning. Or: They did not make ... until they had ...
15. It is not enough to know: one must also apply it. It is not enough to want: one must also do it.
16. The most valuable commodity entrusted to the translator is the foreignness of the foreign.

Page 112: Revision Translation Text

Text

'Millions of Young People Suffering at School'

The President of the Society for the Prevention of Cruelty to Children Pillories the High-Pressure Atmosphere. More Fear than Joy

The President of the German Society for the Prevention of Cruelty to Children, the Hamburg school psychologist Prof. Walter Bärsch, has criticized the organisation of day-to-day life at school. At a conference of the College of Education (CE) for Kiel Week he said on Thursday that half of all children felt more fear than joy at school: 'Millions of young people are suffering in our schools.'

According to Bärsch, one schoolchild in four is a so-termed 'under-achiever' or 'school failure', who was not only denied success in learning but who was additionally driven into fear and opposition by a one-sided performance-oriented atmosphere. Bärsch, who was himself for a long time a school-teacher and headmaster, lamented that 'the state schools of today revolve around not the young person in his or her entirety, but solely around his or her intellectual capability'.

In place of companionship, he said, there was hierarchy, instead of help for the less able there was monitoring, instead of a relaxed atmosphere there was moroseness, and lack of ability was made scorn of. This, he continued, would not change until state and teachers again put schools in the service of human beings. Such a trend, however, was not yet in sight. Schools, lamented the President of the GSPCC, were developing more and more 'in the direction of total institutions'.

Useful Alternatives

Alltag: everyday life
Ganzheit: totality, wholeness
Leistungs-: achievement-oriented
Hilfestellung: assistance
beklagen: to deplore, bewail, bemoan

Points to Note

1. 'Jugendliche': It is worth noting the different meanings:
a) 'young people': *Jugendliche beider Geschlechter*
b) 'youths': *ausschließlich männliche Jugendliche*
c) 'adolescents'/'juveniles': *Jugendliche als leicht suspekte Wesen*

Appendices

A (see page 28)

Essential English Adverbs Which Keep the Adjective Form

daily	*täglich*	deep	*tief*
early	*früh*	extra	*zusätzlich*
fast	*schnell*	fine	*gut*
free	*umsonst*	hard	*hart*
hourly	*stündlich*	last	*letzt/als letzte(r)*
little	*wenig*	low	*tief*
long	*lang*	near	*nah*
monthly	*monatlich*	short	*knapp*
right	*recht, richtig*	tight	*eng*
straight	*ohne Umweg*	wide	*weit*
weekly	*wöchentlich*		

B (see page 96)

German Adjectival Nouns of Persons with a Substantival English Equivalent

der/die	*Abgeordnete*	the	Member of Parliament, M. P.
	Alliierte		ally
	Andersdenkende		dissident
	Angehörige		member
	Angeklagte		accused
	Aussätzige		leper
	Bekannte		acquaintance
	Besoffene		drunk/drunkard
	Betrogene		dupe
	Delegierte		delegate
	Deportierte		deportee
	Deutsche		German
	Eingeborene		native
	Eingeweihte		initiate
	einzelne		individual
	Erwachsene		adult/grown-up
	Feige		coward
	Fremde		foreigner; stranger
	Gefangene		prisoner
	Geizige		miser
	Gelehrte		scholar
	Gesandte		ambassador

der/die	*Geschworene*	the	juror, jury member
	Gesetzte (Tennis)		seed
	Größenwahnsinnige		megalomaniac
	Heilige		saint
	Intellektuelle		intellectual
	Kranke		patient, invalid
	Kriminelle		criminal
	Liebende		lover
	Linke		left-winger
	Mitreisende		travelling companion
	Mitschuldige		fellow culprit
	Radikale		radical, Radical (hist.)
	Rechte		right-winger
	Sachverständige		expert
	Schuldige		culprit
	Schulschwache		under-achiever
	Studierende		student
	Tatverdächtige		suspect
	Überlebende		survivor
	Untergebene		subordinate
	Verbündete		ally
	Verrückte		madman/madwoman
	Vertriebene		exilee
	Vorgesetzte		superior
	Vorsitzende		chairperson/chairwoman/ chairman
	Weise		sage
	Zivile		civilian

Literatur

Als weiterführende Lektüre werden folgende Werke empfohlen. Die beiden zuletzt genannten Lexika enthalten ausführliche Bibliographien.

Praxis des Übersetzens ins Englische

ARONSTEIN, Philipp: *Englische Stilistik.* Leipzig: Teubner 1926.

FRIEDERICH, Wolf: *Technik des Übersetzens.* München: Hueber 1969.

HUMPHREY, Richard: *Strategies of Translation German – English.* Stuttgart: Klett 2008.

Falsche Freunde Deutsch/Englisch

HILL, Robert J.: *A Dictionary of False Friends.* London: Macmillan 1982.

PASCOE, Graham, PASCOE, Henriette: *Sprachfallen im Englischen. Wörterbuch der falschen Freunde. Deutsch und Englisch. Ein Lern- und Nachschlagewerk.* München: Hueber 1985.

Übersetzen aus der Sicht des Praktikers/ der Praktikerin

DEDECIUS, Karl: *Vom Übersetzen. Theorie und Praxis.* Frankfurt am Main: Suhrkamp 1986.

MACHEINER, Judith: *Übersetzen. Ein Vademecum.* Frankfurt am Main: Eichborn Verlag 1995.

Übersetzen als Beruf

FINLAY, Ian: *Translating.* Edinburgh: English Universities Press 1971.

ROBINSON, Douglas: *Becoming a Translator: An Accelerated Course.* London: Routledge 1997.

Klassische Monographien

MOUNIN, Georges: *Les belles infidèles.* Lille: Presses Universitaires de Lille 1955/1994.

NEWMARK, Peter: *Approaches to Translation.* Oxford: Pergamanon Press 1982.

NIDA, Eugene A.: *Language Structure and Translation.* Selected and introduced by Anwar S. Dil. Stanford: Stanford University Press 1975.

SAVORY, T. H.: *The Art of Translation.* London: Cape 1957.

STEINER, George: *After Babel. Aspects of Language and Translation.* Oxford: Oxford University Press 1975/1992.

Übersetzungstheorie: Haupttexte in Sammelbänden

STÖRIG, Hans Joachim. Hrsg.: *Das Problem des Übersetzens.* Darmstadt: Wiss. Buchgesellschaft 1963.

LEFEVERE, André: *Translation/History/Culture. A Sourcebook.* London: Routledge 1992.

SCHULTE, Rainer, BIGUENET, John, Hrsg.: *Theories of Translation: An Anthology of Essays from Dryden to Derrida.* Chicago: University of Chicago Press 1985.

VENUTI, Lawrence, Hrsg.: *The Translation Studies Reader.* London: Routledge 2000.

Wegweisende Sammelbände

ARROWSMITH, William, SHATTOCK, Roger, Hrsg.: *The Craft and Context of Translation.* New York: Anchor Books 1964.

BROWER, R. A. Hrsg.: *On Translation.* New York 1966.

FORSTER, Leonard, Hrsg.: *Aspects of Translation.* London: Secker and Warburg 1958.

WILSS, Wolfram, Hrsg.: *Übersetzungswissenschaft.* Darmstadt: Wiss. Buchgesellschaft 1981.

Einführungen in die Disziplin

BASSNETT-MCGUIRE, Susan: *Translation Studies.* London: Routledge 1980/1991.

BAKER, Mona: *In Other Words: A Coursebook on Translation.* London: Routledge 1992.

KOLLER, Werner: *Einführung in die Übersetzungswissenschaft.* Heidelberg: Quelle und Meyer 1979/1992.

MUNDAY, Jeremy: *Introducing Translation Studies. Theories and Applications.* London: Routledge 2001.

Linguistische Aspekte

ALBRECHT, Jörn: *Linguistik und Übersetzung.* Tübingen: Niemeyer 1973.

CATFORD, J. C.: *A Linguistic Theory of Translation: An Essay in Applied Linguistics.* Oxford: OUP 1965/1980.

Lexika der Translationswissenschaft

BAKER, Mona, Hrsg.: *Routledge Encyclopaedia of Translation Studies.* London: Routledge 1998.

SNELL-HORNBY, Mary, HÖNIG, Hans, KUSSMAUL, Paul, SCHMITT, Peter A. Hrsg.: *Handbuch Translation.* Tübingen: Stauffenberg 1996.

Quellen

BEHRENS, Hans-Michael: „Zahltag". Aus: *Jugend vom Umtausch ausgeschlossen.* Herausg. Jugendwerk der Deutschen Shell AG. Copyright © 1984 by Rowohlt Taschenbuch Verlag GmbH, Reinbek.

BERG, Sybille: „Tom sitzt auf der Piazza". Aus: *Ein paar Leute suchen das Glück und lachen sich tot.* © Reclam Verlag Leipzig 1997.

BICHSEL, Peter: „Stockwerke". Aus: *Eigentlich möchte Frau Blum den Milchmann kennenlernen.* © Walter Verlag 1964. Alle Rechte jetzt beim Suhrkamp Verlag Frankfurt am Main.

BORN, Georg: „Sie tanzte nur einen Winter". Aus: *Borns Tierleben.* © Kumm Verlag, Offenbach 1955.

BRAUN, Volker: „Die geänderte Welt", „Der Zynismus der Plakate", „Larvenstadium". Aus: Berichte von *Hinze und Kunze.* Mitteldeutscher Verlag, Halle 1983.

BUBER, Martin: „Der Schlaf", „Der Seiltänzer". Aus: *Hundert chassidische Geschichten.* © Manesse Verlag, Zürich 1949.

„Entführter Manager fast zwei Wochen lebendig begraben". Aus: FRANKFURTER ALLGEMEINE ZEITUNG vom 18.8.1993. © Associated Press, Frankfurt.

„Millionen Jugendliche leiden in den Schulen" Aus: FRANKFURTER RUNDSCHAU vom 26.6.1982. © Deutsche Presse-Agentur GmbH, Hamburg.

Frau B.S.: „Es ist so viel, was ich Dir sagen muß". Aus: *Briefe an Kinder und junge Menschen.* Hrsg. von F. E. Mencken. © Heimeran Verlag, München 1967.

FREITAG, Karl: „Der Lorbeerbaum". Aus: *Der Hetzer.* © Verlag Atelier im Bauernhaus, Ottersberg 1977.

FULD, Werner: „Als der junge Lord Alfred Douglas...". Aus: *Als Kafka noch die Frauen liebte.* © Luchterhand Verlag, München.

KÄSTNER, Erhart: „Herstellung". Aus: *Der Hund in der Sonne.* © Suhrkamp Verlag, Frankfurt am Main, S. 84.

KELLER, Martina: „Alles ist ganz schlimm". Aus: *Die Zeit vom 21.11.1997.*

KUNZ, Hanns: „Der Lacher". Aus: *Kein schöner Land?* Hrsg.: U. Wandrey, Rowohlt Verlag, Reinbek 1979. © Hanns Kunz.

LEISI, Ernst: „Die Hochsprache (Standard Englisch)". Aus: *Das heutige Englisch.* © Universitätsverlag C. Winter, Heidelberg 1985, 7. neubearbeitete Auflage.

MANNHARDT, Klaus: „Was heißt für mich Frieden?". Aus: *Was heißt für mich Frieden?* Hrsg.: W. Filmer und H. Schwan. © Stalling Verlag, Oldenburg 1982.

MÜLLER, Ulrich F.: „Steckbrief 120". Aus: *Steckbriefe.* © Verlag Langewiesche-Brandt, Ebenhausen 1971.

NOSSACK, Hans Erich: „Unmögliche Beweisaufnahme". Aus: *Spirale.* © Suhrkamp Verlag Frankfurt am Main 1956, S. 168–169.

PATITZ, Axel: „Edinburgh". Aus: *Schottland.* Marco Polo-Reiseführer. © Mairs Geographischer Verlag, Ostfildern 1997.

SCHAMI, Rafik: „Andere Sitten". Aus: *Gesammelte Olivenkerne. Aus dem Tagebuch der Fremde.* © 1997 Carl Hanser Verlag, München Wien.

SCHNEIDER, Hansjörg: „Lob des Velos". Aus: *Ein anderes Land.* © Ammann Verlag, Zürich 1982.

TUCHOLSKY, Kurt: „Der Mensch". Aus: *Kurt Tucholsky, Gesammelte Werke.* Copyright © 1960 by Rowohlt Verlag GmbH, Reinbek.

URBAN, Regina: „Rosige Aussichten". Aus: *Jugend vom Umtausch ausgeschlossen.* Herausg. Jugendwerk der Deutschen Shell AG. Copyright © 1984 by Rowohlt Taschenbuch Verlag GmbH, Reinbek.

VINSOR WOLGAST, Thomas: „Hamburger Student vom Pech verfolgt" Aus: *Frankfurter Allgemeine Zeitung vom 18.8.1990.*

VOGT, Walter: „Der Herr aus Montevideo". Aus: *111 einseitige Geschichten.* Luchterhand Verlag, München. © Walter Vogt.

WALSER, Martin: „Wenn ich lese". Aus: *Von den Büchern.* Kösel Verlag, München. © Martin Walser.